酒場の京都学

加藤政洋

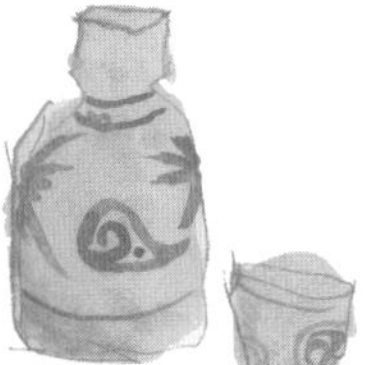

ミネルヴァ書房

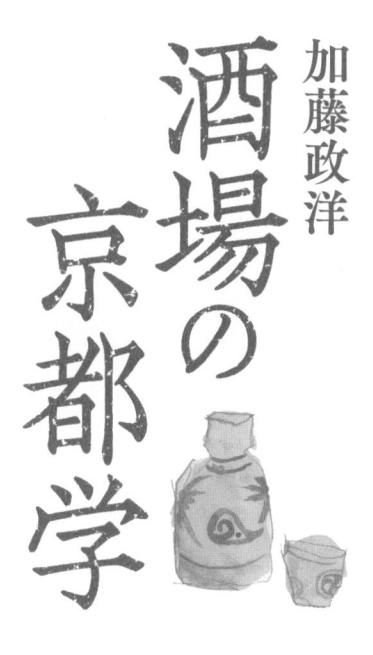

はしがき

酒場が好きです。

京都で酒を飲むこと――その〈場〉と〈楽しみ〉について考えるようになったのは、いまから十数年前のことです。本居宣長の「在京日記」、そして谷崎潤一郎の「朱雀日記」を読んだことがきっかけとなりました。前者は四季折々に名所の茶屋で酒を楽しみ、後者は明治末年の短い滞在中、夜ごと花街のお茶屋で酒浸りになっていたのでした。

両者ともに二十代のこと。時代の隔たり、社会・文化的な背景を考慮する必要はもちろんありますが、酒を飲む場が現在とはずいぶんと異なることに驚かされます。では、わたしの好きな酒場はどこからきたのでしょうか。

このような問いを立てるに際して想い出されるのは、「めし屋」と題された辻与一の随筆で(1)す。「十一月の声をきくと、京の空模様は、一日のうちでもたえず変化してくる」という一文にはじまり、「北山時雨」を雨宿りするシーンからつづく部分を引用してみましょう。

こんなとき、私は、縄のれんの大衆酒場が恋しくなる。私は千本通りを西陣京極の方へ折れ、ホルモンを焼く匂いや丹波栗を焼く匂いに誘われる。私の寄る店は、いつも私をニコニコ迎えてくれるおやじさんの店である。そこは、おやじ、奥さん、息子さん、娘さんが、カウンターから板前までを受持ち、一家挙げて、われわれを食べさせ、飲ましてくれる。

丸い腰かけで、袖を触れ合わす隣り同志の老人も青年も、男も女も、一つの仲間となって、わいわい言って飲み食いをしている。

飲みくいといえば、大正のころにはカフエーが現われ、振り袖に白いエプロンの可愛い乙女がのみくいのサービスをしたが、それまでは、手軽く食事をしたり、お茶やお酒を飲む軽便な場所は、うどん屋か一ぜんめし屋しかなかった。(2)

わたしの生まれる前にものされた、この短いエッセイとの出会いがなければ、本書はなかったといっても過言ではありません。というのも、引用した文章の最後の段落には、わたしの疑問に対する大きなヒントが書かれているからです――酒（を飲む）場は大正期まで「めし屋」をのぞいてほかになかった、と。(3)同じ段落の「カフエー」の存在も気になるところです（「エ」が拗音となっていない点にも注目）。

これは、おそらく京都固有の事情でしょうが、都市の消費文化を知るうえで、（さりげなく書かれているわりには）とても重要な指摘であるように感じられます。本書は、このエッセイに蒙を啓かれて、近代京都の都市史をひもときながら、ときには江戸時代まで、またときには現代までを往還しつつ、酒場とそれらの立地する街々の系譜をたどりなおしてみる試みです。酒場とその来し方を通じて、京都という都市の多面的な空間・文化史の（できることなら隠れた）一面に光をあててみたいと思います。

加藤政洋

注

（1）主著『京を探る』（白川書院、一九七一年）の表紙には辻與一（奥付は与一）、同じく『続・京を探る』（白川書院、一九七五年）では辻与一とある。同書の略歴によると、大正五（一九一六）年生まれ、上京区に育ち、京都市役所に勤務している。白川書院の月刊誌『京都』に、これら二冊の原典となる記事を連載していた。

（2）辻与一「めし屋」（『京都』二四八号、一九七一年、二二―二三頁）、二二頁。傍点は辻自身による。なお、『続・京を探る』（四七頁）では、「飲みくい」が「飲み食い」に、そして「カフエー」も「カフェー」と変更されている。さらに原典にはなかった写真が掲載され、「大衆酒場／一品料理　港」の張り出し看板が写り込んでいる。

（3）京都の場合、「うどん屋」は専門店というよりも、「麺類・丼物一式」を供する食堂（＝「めし屋」）に類する業態と思われる。

酒場の京都学【目次】

はしがき

凡　例

・花街名などの通称地名は《　》で表記している。

・資料の引用などにあたっては、次の諸点に留意した。難読漢字にはルビを補い、常用漢字に改めた箇所もあるほか、適宜、句読点も補った。著者（引用者）による注記は〔　〕内に示し、必要に応じて傍点による強調を施した。引用文中に、不適切だと思われる用語や表現もあるが、資料としての価値を鑑みて原典のままとした。

・本書の全編を通じて、立命館大学アート・リサーチセンターがインターネット上で公開している「近代京都オーバーレイマップ」(http://www.arc.ritsumei.ac.jp/archive01/theater/html/ModernKyoto/)を参照している。なかでも、昭和二（一九二七）年に作成され、昭和二十六年ごろまで加筆・修正が施されたという、ある種の住宅地図というべき「京都市明細図」（総合資料館版）は、ひとつひとつの土地区画を、緑・赤・黄・青・紫などの色で塗り分けることによって、建物用途の様態を視覚的に表現している。緑色は住宅、赤色は店舗、オレンジ色は学校などの公共施設、黄色は宗教関連の施設、青は工場、そして紫は花街とそれに関係する区画を示しており、ところによっては店舗名などの固有名も書き込まれている。「地図画面の右上にあるスライダーを左右に移動させると、地図の透明度を任意に変更でき」ることから、Google マップ上に描かれる現在と約七十年前の過去とを、ひとつひとつの建物レヴェルで自由自在に往還することができるので、ぜひ「近代京都オーバーレイマップ」のレイヤーを「京都市明細図」に設定して、地図と本書を往還しながら読み進めてください。

図表出所一覧

序章　裏町の酒場から

このあたりは〝のれん式大衆酒場〟の密集地帯。昔は矢場、人形落としもあった所で、学生、サラリーマンの飲み屋街として今もにぎわっている。京都で学生時代をすごした人なら懐かしいところだし、ホルモン焼きのたぐいは、やはりここが元祖だ。安い飲み屋が多いのも特徴。

裏寺町を四条から入り、左へ曲がったところに、伏見の酒造直営の万長酒場がある。ここは原酒を飲ませてくれる（ただし三杯まで）ので、サラリーマンの辛党に人気がある。(1)

1　宣伝酒場のなごり

京都における繁華の中心——四条河原町。この交差点の北側を西へ二〇メートルと歩かないうちに、細い路地がある。表通りに比べれば、人通りははるかに少ない。ほぼ直角にまがる突き当たりを抜けてゆくと、伏見の酒「黄桜」を掲げた「居酒屋たつみ」の看板が目にはいるはずだ。最近は京都でも昼から呑むことのできる店が増えたけれども、正午から開くこの店は、いまも重宝される酒場のひとつである。

暖簾をくぐると、左手が厨房、右手は「コ」の字型というよりは、むしろかぎりなく「ロ」の字にちかいカウンター、奥のホールにはテーブル席と小上がりとがある。立ち飲みスペースと椅子席とにわかれる手前のカウンターは主として独酌の空間で、開店と同時に思い思いの場所を占めてビールの満を引く客たち。同伴者のいるときは、奥のテーブル席を選択するだろう。

酒場を特集する雑誌などをみると、入り口側のカウンターを取り上げる記事が多いように思われるが、奥のホールもじつに魅力的な空間である。ところ狭しと壁に貼られた白や黄色の短冊が目を愉しませてくれるからだ。

通常のメニゥにくわえ、季節の一品料理がならぶ。目を引くのは天ぷらで、「ちくわ・えび・いか・いわし・しいたけ」をはじめとする定番のほかに、「鳥ねぎま」や「トマト」、そして「いちぢく」といった変わり種、「はも・メゴチ・小あゆ」などの海川の魚、さらにはありとあらゆる季節の野菜と山菜（ズッキーニ・ゴーヤ・とうもろこし・賀茂なす・わらび……）など、じつに多彩である。

わたしの場合、最初に瓶ビールと一、二品のアテを、そして瓶が空かないうちから燗酒を注文する。盃をかたむけながら北側（ガラス窓と反対側）の壁をみると、上部がどことなく蔵を模した造りであることに気づかされるだろう。そこには「万」と「長」という文字があしらわれている。「万長」とは、伏見の酒蔵（藤岡酒造）で醸造されていた酒の銘柄である。この二文字の装飾は、店の来し方を雄弁に物語る。そう、「たつみ」の前身は「万長酒場」なのであった。

菊正宗や櫻正宗（いずれも灘の生一本）ばかりを扱った「正宗ホール」（第2章・第5章を参照）、あるいは京都なら「神聖酒場」など、銘柄を冠する酒場が、かつてはたくさんあった。このように銘酒を看板に掲げた店を「宣伝酒場」などと称することもあるらしい。[2] 万長酒場もそのひとつであったわけだ。銘柄そのものはなくなったものの、京都には現在も「万長」を名のる酒場が残る。

さて、あらためて壁に目をやると、やはり酒蔵を模しているように思われる。短冊に隠れて見えにくいのだが、実際、そこには「京」「極」「蔵」という三文字がある。「宣伝酒場」としての役割をはたすべく、内装にも工夫が施されていたわけだ。銭湯を転用した建物で万長酒場が店開きしたのは昭和四十三（一九六八）年のこと。(3) 当時すでに通りの両側には「酒場、バー、小料理屋」のほか、「おでん」や「ホルモン焼き」の店もならんでいたので、居酒屋に転業するうえでの周辺環境は充分に整っていたものとみてよい。

万長酒場は当然、開業の当初から「万長」の樽酒を看板商品としていた。

> 一年中樽酒が飲める店として名高い。四条通り《ママ》の裏手の、その名も〝裏寺通り《ママ》〟に面している。どてやき・焼鳥・串かつ等が八〇～二〇〇円で食べられるため、客が絶えない。樽酒は全酒「万長」。夏場は特にレモン冷酒として出すので、客にサッパリした味と人気。店の方針は客に三杯以上の酒を飲ませないこと。一人五〇〇円～一〇〇〇円で飲める。収容人数九〇名。AM《ママ》12～PM10半。(4)

「居酒屋たつみ」に名を変えるのは昭和六十年ごろのことだ。昭和六十一（一九八六）年の住宅地図には「万長酒場 居酒屋たつみ」とあり、かわらず「夏でも冬でも樽酒専門の店」を謳っていることから、(5)看板をかけかえたあとも万長を出していたことがわかる。昼十二時開店の商慣習も、万長酒場に由来するわけだ。

「客に三杯以上の酒を飲ませない」という方針もおもしろい。現在も店内には「アルコール類は3本迄」とか、あるいは「飲酒時間は三時間まで」といった張り紙があり、創業から五十年を超えても伝統はしっかりと受け継がれている。「泥酔の方は御断り致します」、「当店に於てトラブル、迷惑等を起した方は一切入店をお断り致します」ともある。酒はスマートに飲みたいものだ。深酔いする前に店を出なければなるまい。

2　空間を足して割って

支払いを済ませて外に出たなら、ぜひとも振り返って建物をみてほしい（図序-1）。せまい通りだから、少し距離をおく必要がある。店にはいる際には意識することもないと思われるが、あらためて建物の全体をみると、三階建てであることがわかる。三階部分は増築であろうか。

酔眼を凝らして観察すると、テーブル席と小上がりのあった奥のホール部分は、別の建物のようだ。しかも二階には、別の店舗（「百練」）がはいっている。実際、ふるい地図で確認した

図序－1　「たつみ」の外観（2014年12月26日筆者撮影）

ところ、湯屋に隣接したこの区画には「五十嵐食堂」と記されていた。(6) 銭湯から酒場に衣替えする際、食堂の一階部分を取り込んで一体化しつつ、二階のスペースは切り離したのだろう。店内で漫然と呑んでいたのでは気づかない、独特な空間の用途――複合と切り分け――である。

外観上の特色は、むかって右手のタテにならんだ張り出し看板にもみられた。この看板は平成三十一（二〇一九）年春に撤去されてしまい、いまはもうないのだが、建物内の店舗構成を知る手がかりとなるので、上から順に文字をひろっておくことにしたい。

東山（3F SNACK）［三階北西］
かずちゃん（HIGASHIYAMA2）［三階北東］
ルドン（snack REDON 2f）［二階南］
し乃ぶ（スナック 2F）［二階真ん中］
志乃（和風スナック 2F）［二階北西］
Rain Song（Bar 2F）［二階北東］
サンチョ（サラダの店）［一階北］

サントリースカイ（スナック 3F）［三階南］

一枚だけのもの（サントリースカイ）もあわせると、八つの看板が掲示されている。「たつみ」はないが、タテに並んだ看板の最下部は、同じ一階にある人気の洋食店「サラダのサンチョ」（一九七二年開店）のものだ。この二店舗以外はすべて階上ということになる。(7) 興味をひかれるのは、まさにこの点である。

すでにみたように、ここは元湯屋であった。この建物を「しのぶ会館」という。従前の用途である銭湯の名称「忍冬湯《しのぶゆ》」にちなんだものだろう。「し乃ぶ」と「志乃」も、その名に由来するのかもしれない。だが、ここで注目しておきたいのは、「しのぶ」ではなく傍点をふって強調しておいた「会館」にほかならない。

「会館」と名のつく建物といえば、文教施設や同業者団体のビルが想起されるかもしれないが、京都の酒場を特集する近年の雑誌では、「折鶴会館」（西院）や「四富会館」（富小路通四条上ル）など、複数の飲食店の入居する「会館」と名のついた集合建築が大々的に取り上げられている。[8] 中層・高層の雑居ビルではなく、低層の木造建築のなかに、まるで「呑兵衛横丁」のごとく狭小な店舗のひしめくさまが、注目を集めているようなのだ。

木造建築をスクラップして、その跡地に鉄筋コンクリートの雑居ビルを建造する――一般的な土地利用の高度化である。ところが、会館の場合は、空間を大規模に拡張（＝立体化／高層化）することなく、既存の空間を細分化して、スナックをはじめとする複数の飲食店をひとつ屋根の下に雑居させている。はやりの言い方を借りるならば、町家リノベーションの先駆的な形態といってよい。

「しのぶ会館」にしても、エクステンションの空間（となりの食堂と三階部分）があるとはいえ、階上の飲食店は風呂屋の二階（ならびに建て増しされた三階）を空間分割することで入居している。この複雑な建築空間の構造と店舗構成を指して、（酒場ライターであり「百練」を開店した）バッキー井上は「濃厚な会館」と形容した。[9]

《裏寺町》をあるき、そして呑めば、京都的なる酒場と空間をまちがいなく経験することができるはずだ。

3　裏町の風景

日が暮れてこの界隈を歩くと、京都という町も観光客のためだけにあるのではない、と当たり前のことに気づく。せまい小路の両側に、酒場、バー、小料理屋、そしておでん、ホルモン焼きの屋台。祇園や先斗町の〝京情緒〟とは無縁に、学生サンやしがないサラリーマンが集う。どこにもある飲み屋街、京都・裏寺町あたり――[10]。

かつて地理学者の藤岡謙二郎は、「駅の地下街のおでん屋には入りたくない。おでん屋は屋台の〔〕しかもやはり場末地区に存在してこそ独特の味わいもあるのである」と述べていた[11]。五十年以上も前のことだ。

ところが藤岡は、「場末には場末の気楽なよさがある」ことを認めつつ、そこには「現代都市のもつ悪いところのみが隔離集中されている印象」がある点を問題視し、「場末地区は清潔でなければなら」ず、「昼間見れば幻滅を感じさせるような場所のまま放置させてはならない」という信念をもって、次のように提言した。すなわち、「障がいとなっている場末特有の狭い袋小路はある程度ぶちこわして緑地をつくり、そこを昼間は楽しい憩いの場所たらしめ」ること、あるいは「圏構造をもつ都市域の外周にバイパスの形ではなく、場末地区の中をぬって行く環状線を通じ、ある間隔をおいて〔、〕おでん屋街や娯楽街等といった機能別中心」をおくべきである、と。「場末地区」をクリアランスし、機能主義的な空間配置を基盤とする都市計画を構想したわけだ。

その藤岡が「ぶちこわ」すべき「場末」の一例として挙げていたのはほかでもない、〈彼にとってはなじみの深い〉京都の《裏寺町》であった。

この界隈についていえば、終戦のどさくさで、新京極へ抜ける道にも赤ちょうちんの屋台が十数軒できたけど、いまはない。裏寺町通の屋台は十三軒あったのに、いま七、八軒。それも追いたてをくっていて、今年一年もつかどうか。(12)

藤岡が嫌悪したのは、これら「赤ちょうちんの屋台」であったのだろう。京都随一の繁華な交差点である四条河原町から徒歩一分とかからない至便の立地にある《裏寺町》を〈場末〉と呼ぶのはいささか躊躇われるが、少なくとも昭和五十年代前半までは、闇市に起因する〈場末〉的な光景がたしかに《裏寺町》にもみられたのである。

さて、このエッセーが掲載されてから五十年以上の歳月が過ぎ、ひろい意味での〈場末〉のクリアランスは時に劇的に、基調としてはじわりじわりと進行している一方、ミレニアムに前後するころからは、いわゆるリノベ系の店舗が流行し、〈場末〉の狭小物件も注目を集めてもいる。その最たる場所が、ローカル情報誌『Meets Regional』の仕掛けも奏功して有名性を獲得した、大阪ミナミの「裏なんば（ウラなんば）」であろうか。表通りの繁華な商店街から一歩裏に入った通りが場所の価値創造に成功する例は、おそらく裏原宿あたりに端を発するものと思われるが、少なくとも現在の大阪では、たとえば「裏天満」など、「裏のある街」が新たな都市シーンを生み出している[13]。

「〝京情緒〟とは無縁」の「どこにもある飲み屋街」として紹介された《裏寺町》は、現在、旧来の裏町色の褪せない酒場に、昼呑みもできるリノベ系のオシャレな飲食店がくわわり、若い歩行者も増えたことから、昼間に通行しても「幻滅を感じさせるような場所」ではなくなりつつあるといってよいだろう。

夜の盛り場もまた変じるのである。

4　本書の構成

わたしが初めて「ゑり善」のわきから《裏寺町》に足を踏み入れたのは、一九九六年七月のことであった。先輩のOさんに連れられて、滋賀県立近代美術館で「シンディ・シャーマン展」をみてから京都にくると、街は祇園祭のさなか。四条河原町近傍のビアレストランで喉を潤したあと、それと（街路名さえ）知ることなく路地の奥へと歩を進めたのである。「たつみ」

の前の角地に位置するコンビニエンスストアは、当時、ピンサロかなにかとなっていて、暗がりで客を引く男性の姿をかろうじて記憶している。

それから二十年後、まさかこの通りで昼から酒を呑んでいることになろうとは、我が事ながら奇縁を感ぜずにはおれない。

本書は、京都の酒場の歴史をひもとく一書である。おのずと酒場の立地する街についてもふれることになるだろう。まず第1章では、明治末年に京都に滞在した谷崎潤一郎の体験をふまえて、江戸期の名所に立地した料理茶屋にまでさかのぼる「茶屋酒」の系譜をたどる。谷崎が滞在した当時、気軽に昼から呑むことのできるような酒場は、まだ存在していなかった。

「一寸一杯」やることのできる酒場が京都に登場してくるのは、大正前期のことだ（第2章）。青春を謳歌した学生、そして酒飲み（左党／上戸）の先達の語りに耳を傾け、消費文化の花開くモダン京都の都市空間のなかに彼らの足どりをたどってみたい。当時、いまとはややことなるイメージで左党に愛用されていたのが、洋食バーないし洋酒レストランとも称すべき洋食店（西洋料理店）であった。第3章では、京都における西洋料理店の立地展開を概観しながら、花街と洋食の意外な関係に焦点をあててみる。

京都で「夜の街」といえば、《祇園新地》に代表される花街、あるいは戦後にネオンまたたく歓楽街となった《木屋町》を挙げることができるだろう。主として明治・大正・昭和戦前期を取り上げるここまでの章からは一転して、第4章では高度経済成長期における花街の変容、そして飲食店の集積する歓楽街《木屋町》の誕生する背景を考えてみたい。社会そして都市空間構造の変化がカギとなるはずだ。

本章で紹介した《裏寺町》は、じつのところ多くの文学作品に登場する。第5章は、この《裏寺町》に立ち返り、歴史と空間をじっくりあるくことで、京都のもうひとつの酒場誌（空間誌）を描き出してみたい。《柳小路》と呼ばれる飲食店街の誕生譚にもふれることになるだろう。

終章では、「しのぶ会館」そのものではなく、京都の〈会館〉全体について、これまた空間という観点から紹介し、本書を閉じたいと思う。

注

（1）大岡良之「京の呑ませどころ」（創元社編集部編『京都味覚地図 1975年版』創元社、一九七五年、一六六–一七三頁）、一七一頁。

（2）芝田真督『神戸立ち呑み巡礼』芝田道、二〇〇六年。中村よお『肴のある旅 神戸居酒屋巡回記』創元社、二〇〇六年。

（3）『京都名酒場100』ぴあMOOK関西、二〇一五年、一一頁。同書では、「家主が銭湯を潰して飲食ビルに鞍替えした」とあるが、建物から判断するに、転用したものと思われる。

（4）『月刊食堂別冊 居酒屋』柴田書店、一九七六年、三八四頁。

（5）日本電信電話公社編『タウンページ 京都市職業別電話帳』上巻、日本電信電話公社、一九八六年、九九五頁。

(6) 日本火保図株式会社「火災保険地図」(京都市中京地区　新京極方面　No.14、一九五四年八月作図)。

(7) 店舗の位置を［　］内に示したが、すでに閉店していたり、あるいは別の店舗になっている。現在も営業しているのは、サントリースカイだけである(二〇一九年四月)。

(8) 『京都名酒場100』ぴあMOOK関西、二〇一五年。

(9) バッキー井上『いっとかなあかん店　京都』140B、二〇一八年、一三三頁。

(10) 「京に赤ちょうちんあり　裏寺町　安あがりの青春」(『週刊朝日』一九七七年三月号、五六-五八頁)、五六頁。

(11) 藤岡謙二郎「場末地区」(『地理』第十二巻第一号、一九六七年、五八-五九頁)。

(12) 前掲、「京に赤ちょうちんあり　裏寺町　安あがりの青春」、五八頁。

(13) 小泉信一『朝日新聞』二〇一五年四月二十七日夕刊(大阪版)。

第1章　〈茶屋酒〉の系譜学

1 「夜毎に変る枕の数々」――谷崎潤一郎の経験

明治四十五（一九一二）年、「生れて始めて西京の地を蹈《ふ》んだ若き日の谷崎潤一郎は、「朱雀日記」と題する日録を『東京日日新聞』と『大阪毎日新聞』（同年四月〜五月）に連載している。[1]「これは京都にいた間に見聞したさまざまな事を、谷崎君一流の鋭い観察と美しい文章で書き綴つたものであつて、『都踊』『中村楼』『瓢亭』『島原角屋』といつたように、毎日一章ずつ題を設けて、それぞれの情景を写し出している」とは、[2]歌人・吉井勇の解説である。

京都に到着してすぐ、昼食に案内された西洋料理屋「萬養軒」（第3章も参照）で「都をどり」に出演中の芸妓の歓待を受けたばかりか、祇園花街を代表するお茶屋の「一力（いちりき）」――通称「万亭」――の女将までもが駆けつけてくるところから、谷崎の京都滞在ははじまった。さすがの谷崎も「何しろ有名な一力の女将に早速面会し得た事を、私は大いに光栄としなければなるまい」と感嘆するほかはなく、[3]この演出された京都との邂逅それ自体が、その後の彼の滞洛生活を予示していたのかもしれない。

たとえば吉井は、《島原》の揚屋である角屋にことよせて、次のようなエピソードを披瀝している。

実は谷崎君の「朱雀日記」の原稿の断片は、今から卅年《さんじゅう》ほど前、私がよく小説や戯曲の中で、落語家を贔屓にした旦那として書いた鈴木台水という老人から買い受けて、いまだに私の筐底《きょうてい》にあるのだが、面白いことにはこの原稿の紙が、一章毎に違つていることで、これを見ているとおのずから、それを書いた場所が毎日違つているということを証明していて、その頃の谷崎君の生活ぶりがはつきり分る。つまりまだ年少気鋭、しかも当時売り出しの流行作家のことであるから、或いは祇園に、或いは先斗町に、夜毎に変る枕の数々、往きあたりばつたりチヤブ台を机に、そこらで買わせた原稿用紙や罫紙に、ペンであれ筆であれ、あり合せのものを使つて書き飛ばしたものなのであろう。(4)

谷崎自身も「先斗町の茶屋酒が身に沁み込んだか、二三日頭が重苦しく」などと書いているので、推して知るべしというべきか。当初は「古跡を捜」るなどと高尚な目的をもっていたようなのだが、実際には「毎晩のやうに、加茂川の水に映る灯の町を慕つて歩」き、結局は「祇園も知つたし、先斗町にも馴染んだし、此の上島原の遊廓さへ覗いて置いたら、一と渡り京都の色里を見物した事になる」といって、「彼の廓で有名な角屋と云ふ貸座敷」まで訪れた。(5)

初めて入洛した谷崎が「一見さんお断り」で知られる京都花街のお茶屋を渡り歩くことができたのには理由があった。一歩先んじて滞在し、花街にも深く通じていた長田幹彦とつるんで飲み歩いていたのである。長田とはほぼ同年齢のうえに、東京の文芸サロン「パンの会」をつうじて交遊していた。

滞洛中の谷崎は、《祇園》における料理屋の嚆矢となった鳥料理の「菊水」、ドイツ文学者の上田敏に招かれた（現在ではミシュランガイドで三つ星となっている）「瓢亭」、あるいは八坂神社鳥居もとの「中村楼」など、明治期の京都を代表する料理屋にも足を運んだが、二人の飲み歩きはきまって「茶屋酒」なのであった。

「夕方になるとそは〳〵して無上《むしやう》に茶屋酒が戀ひしくなると云ふ年頃の二人」は、「骨の髄まで茶屋酒に入り浸」り、「しまひには至る所に借金」をこしらえてしまう。結果、谷崎は「這ふ〳〵の體で東京へ逃げ歸」り、ひとり残された長田は蹴上の怪しげな席貸に逼塞せざるを得なくなる。(6)

その後日譚は長田幹彦の『青春物語』に描かれるが、(7) ここでのポイントは彼らの酒を飲む場が花街のお茶屋か、あるいは著名な料理屋にかぎられていたということだ。京都に残り困窮した長田が外飲みするのは、偶然に出会った知人のお相伴にあずかるときか、あるいは蕎麦屋くらいしかなかった。当時、気軽に一杯やることのできる酒場は、まだ存在していなかったのである。

いくぶん結論を先取りするならば、そうした気軽に飲める居酒屋の登場は、谷崎が去ったあとの大正期まで待たなければならない。ここでは、いったん江戸時代にまでさかのぼって、谷崎たちの茶屋酒につらなる酒場の系譜をたどりなおすことからはじめてみることにしよう。

2　名所における酒食の光景

近世の京都は、現在につらなる遊覧都市であった。名所や行事、季節の風物を目当てに、この都市に暮らす人も、入洛する人も、四季折々の物見や遊山を楽しんだ。寺社の門前や名所には「茶屋」が建ち、遊客でにぎわったのである。

茶屋（水茶屋や掛け茶屋など）ないし茶店の多くは、葦簀《よしず》張りの小屋に客が「ちょっと一服」するための床机《しょうぎ》を置くだけの簡素な造作であったろう。だが、なかには料理を供して酒食の場（宴席）となるような料理茶屋、さらには妓楼ないし出会宿（現在のラブホテル）のような役割をはたす茶屋まで存在していた(8)。

江戸時代後期にはすでに居酒屋の発達していた江戸とは異なり(9)、京都において酒場の系譜をたどりなおす出発点には、名所の茶屋をおかなくてはならない。

（1）「茶屋にて酒のみ物くふ」——本居宣長の経験

では当時、人びとは洛中洛外をどのように遊覧し、茶屋に憩っていたのだろうか。十八世紀なかばに京都の都市空間を経験したひとりの青年の目をつうじて、酒の供される場とその風景を眺めてみたい。それは、宝暦二（一七五二）年三月から同七年十月までの約五年半にわたって京都に遊学していた、若き日の本居宣長《もとおりのりなが》である。

筆まめな宣長は、自身の足どりを日記に残しているのだが、なかでも宝暦六・七年の記述はとりわけて詳しい。折々のご開帳をはじめ、春は花見、夏は祇園会や大文字の送り火の見物、四条磧の納涼、秋は紅葉見、島原遊廓の灯籠見物、さらには月見など、一年を通してじつによく遊んでいる。そしてそこには、酒食の楽しみもともなわれていた。

たとえば、知人らと等持院のご開帳に訪れた際、彼は近傍の衣笠山にのぼっている。

衣笠山へも人あけ侍れは、のほりて見るに、かけ茶屋おほくにきはしく見ゆ、山上にて、夢合の観音といふをおかませける、此山の上より、京中よく見えて、いとよき風景也、酒のみないとし、休みてかへる（宝暦六年四月六日）(10)

夢合（ゆめあわせ）の観音を拝観し、洛中を展望しつつ（当時は「はげ山」で見通しもよかった）、掛け茶屋の床几に腰かけ「一寸一杯」やったのだろう。

つづいて春の花見を。

天神社のまへ、水茶屋のしやうき、所せく人やすらひて、酒のみかれいひくひて花見る、中居娘なとたつさへて、さはきありく人もおほかり、日くれ過てみなかへりぬ（宝暦七年

三月三日)[11]

グレゴリオ暦に換算すると四月二十日のことだ。水茶屋の床几に腰かけて酒を飲み、「かれいひ(餉/乾飯)」を食べながら花見をしている。仲居の女性を引っ張り出してさわぎあるく人もいるなど、にぎやかな春の一日であった。

では花見酒に対して、秋の月見酒は何処で。

…〔略〕…〔三人で〕まつ祇園へまふてて、西石かきの池簀かもとに入ぬ、この二階、東山をうけていとよし、物くひなとして、日暮過てやゝ有て、月いてんとするほと、東の山きはあかりゆくさま、いはんかたなし、空はいとはれわたりて、ちりはかりの雲もなし、さてまつほとに、まつの梢より出る月影、いはんかたなくさやけし、東山より出る月も、所によりて、木なき所なとより出るは、すこしをとれるに、こゝより見る所は、知恩院丸山の上わたりと覚しくて、こすゑまはらに見えたる所より出て、ことさらに興あり、まつの梢の月中にうつりたるなと、いとめてたしかし、さて酒のみなとして、月もいたう高く成まてゐたり(宝暦七年八月十七日)[12]

グレゴリオ暦では九月二十九日にあたる。月に浮かび上がる松の梢の描写が美しい。東山も当時は「はげ山」だったはずだ。

月見をするにはうってつけの西石垣（さいせき）とは、四条通をはさんで《先斗町》の南側、木屋町通と鴨川とにはさまれた短い街区で、とくに鴨川に面しては現在でも著名な料亭「ちもと」が立地するなど、京都を代表する料理屋街であった。

「池簀」（いけす）とは、「生洲」とも表記される当時流行の川魚料理屋である。安永九（一七八〇）年の『都名所図会』には、「生洲といふは高瀬川筋三條の北にあり。川辺に楼をしつらひ、もろもろの魚鳥を料理て客をもてなし酒肴を商ふ。」と説明され、実際の絵図をみると、高瀬川に面して建つ二層の「生洲」の一階部分右奥に、その名のごとく屋内型の生洲が設えられている[13]。

寛政元（一七八九）年三月、江戸の絵師・司馬江漢《しばこうかん》も三条の生洲を訪れ、「三条生す〔生洲〕、松源柏宗なと名家あり。鯉、ふな、うなき、酒を呑。」と記し、また滝沢馬琴も「生洲は高瀬川をまへにあてたれば、夏はすゞし。柏屋・松源などはやる。柏屋は先斗町にも出店あり、松源近年客多し。ここにて鰻・鱧、あらひ鯉名物といふ。」と伝聞調で書いていた[14]。

西石垣の「かもと」も、こうした料理屋だったのだろう。日記をみると、前年の十一月一日にも東福寺の通天橋で紅葉を見た帰りに訪れており、「物くひ侍る、貝焼をこのみ侍る、いとあた丶かにて、満腹して、夜に入かへりぬ」とある[15]。お気に入りの店だったにちがいない。

（2）二軒茶屋

宝暦（一七五六）六年四月八日、宣長は知人と清水寺から三十三間堂へとまわり、そこで「蔦屋といへるにしはし休みて、酒のみなとし、かへりける」[16]と、ここでは「水茶屋」や「掛茶屋」ではなく、名のある料理茶屋を利用していた。そうした料理茶屋のなかで彼がもっとも頻繁に訪れたのは、祇園社の鳥居に位置する「中村屋」と「藤屋」の双方を指す通称「二軒茶屋」である。

〔知恩院の〕南のかたの門を出て、祇園林をすき、二間《ママ》茶屋に入て、物くひなとす、いとう人多く来り集りて、にきはしきさまなり（宝暦六年一月二十四日）[17]

それ〔安井金毘羅宮〕より二間《ママ》茶屋に立よりて、物くひさけのみて、日くれにかへりぬ（宝暦七年一月九日）[18]

…〔略〕…安井の内の藤を見侍るに、大かたさかり也、こゝはかきつはたもはやさきたり、それより二軒茶屋によりて見れは、中村やはあまりに人おほけれは、藤屋へまいりて酒のみ物くふ、日くれてかへる（宝暦七年三月二十日）[19]

〔双林寺の林阿弥で〕酒のみてかへる、二軒茶屋へよりて物くふ、かのはやしの人〳〵も、跡よりひとつ所へきて酒のみさはく、けふ二軒ちやゝいとにきはし（宝暦七年三月二十五日）[20]

このように宣長は、なにかにつけて二軒茶屋に立ち寄っては、もの食い、酒飲みしていた。宝暦七年三月二十日の記事にあるごとく、彼が二軒茶屋というとき、通常は「中村屋」（現・中村楼）を指し、混んでいて入ることのできない場合にのみ、向かいの「藤屋」を利用したようだ。

そしてもうひとつ、祇園社とは対蹠的に市街地の北西端に位置する二軒茶屋も挙げておこう。

紙屋川の橋わたりて、平野にまいる、此わたり、豆府茶屋あまた侍る、いつれもにきはし。なまめける女の出て、人をよひ入れ侍る、声〳〵いとやさしく、赤まへたれ花やかなり。さて此川をかひ川と申侍る、紙屋川の略語にや。ひらのの御社、北野のやうに人多くもまいらす、よきほとに人〳〵行かひ侍る…〔略〕…

さてかへり侍るに、雨ふり出たり、とくよりくもりなとはしけれと、雨ふるまてはあらしと思ひて、やういもせさりしに、ふり出ぬれは、いと心くるし。せんかたなくて、かひ川の二軒茶屋へ立よりて、はれ間まつ程、酒のみ物くひ侍る。こゝは先豆府めしにて、さて酒のさかな、汲〔吸〕物など、何にてもし侍る所也、川にのぞみていとよき所也。…〔略〕…隣席などには、妓ともなとたすさへ来りて、ひきうたひて、いとさわき居るも有し。（宝暦七年二月二十五日）[21]

縁日――通称「天神さん」――にあたる二月二十五日（現在は梅花祭がおこなわれている）、北野天満宮から平野神社へと足を運んだ宣長は、途中にわか雨にあう。平野神社の境内にはたくさんの「豆腐茶屋」があり、店先から美しい女性たちが道行く参詣者に声をかけて招き入れていたものの、彼が雨宿りに選んだのは、紙屋川のほとりにある二軒茶屋であった。豆腐料理（田楽）をメインにしながらも、酒の肴や吸い物など、なんでも出す。なかには妓を同伴して三味線を弾き歌い、さわがしくする者までいた。

司馬江漢も北野から平野へと向かう途中、紙屋川の二軒茶屋に立ち寄っている。

天気。朝より西北の方へ行く。北野天神北の門を出、谷川に二軒茶屋あり。鯉の吸物、うなきの蒲焼あり。夫より平野の宮三社あり。桜花さかり。[22]

さらに時代が下ると、『東海道中膝栗毛』（一八〇四年）の作中で、弥次郎兵衛と喜多八も北野天満宮を詣でたあとに紙屋川の河畔へとやってくる。

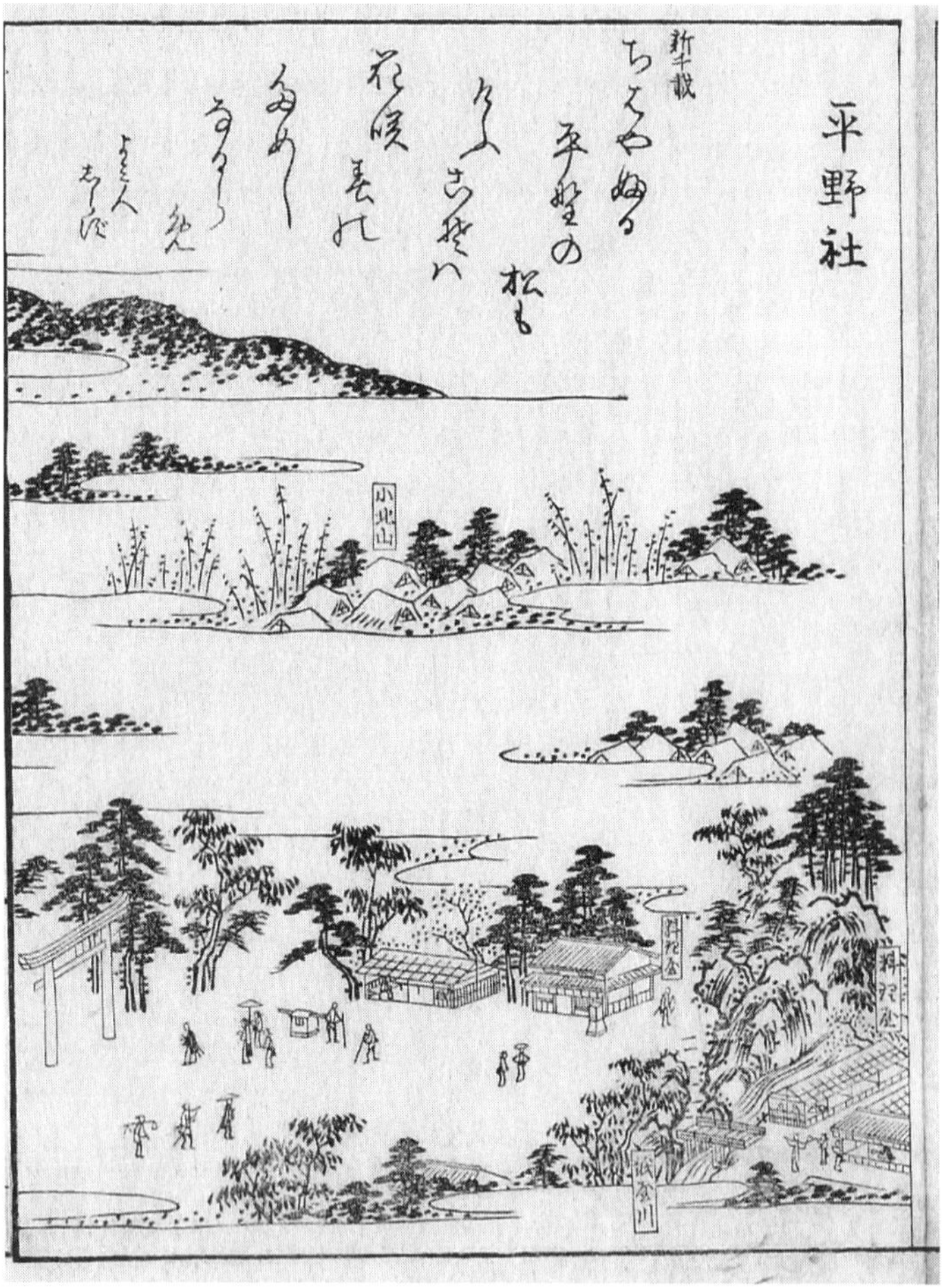

「平野社」境内の「料理屋」

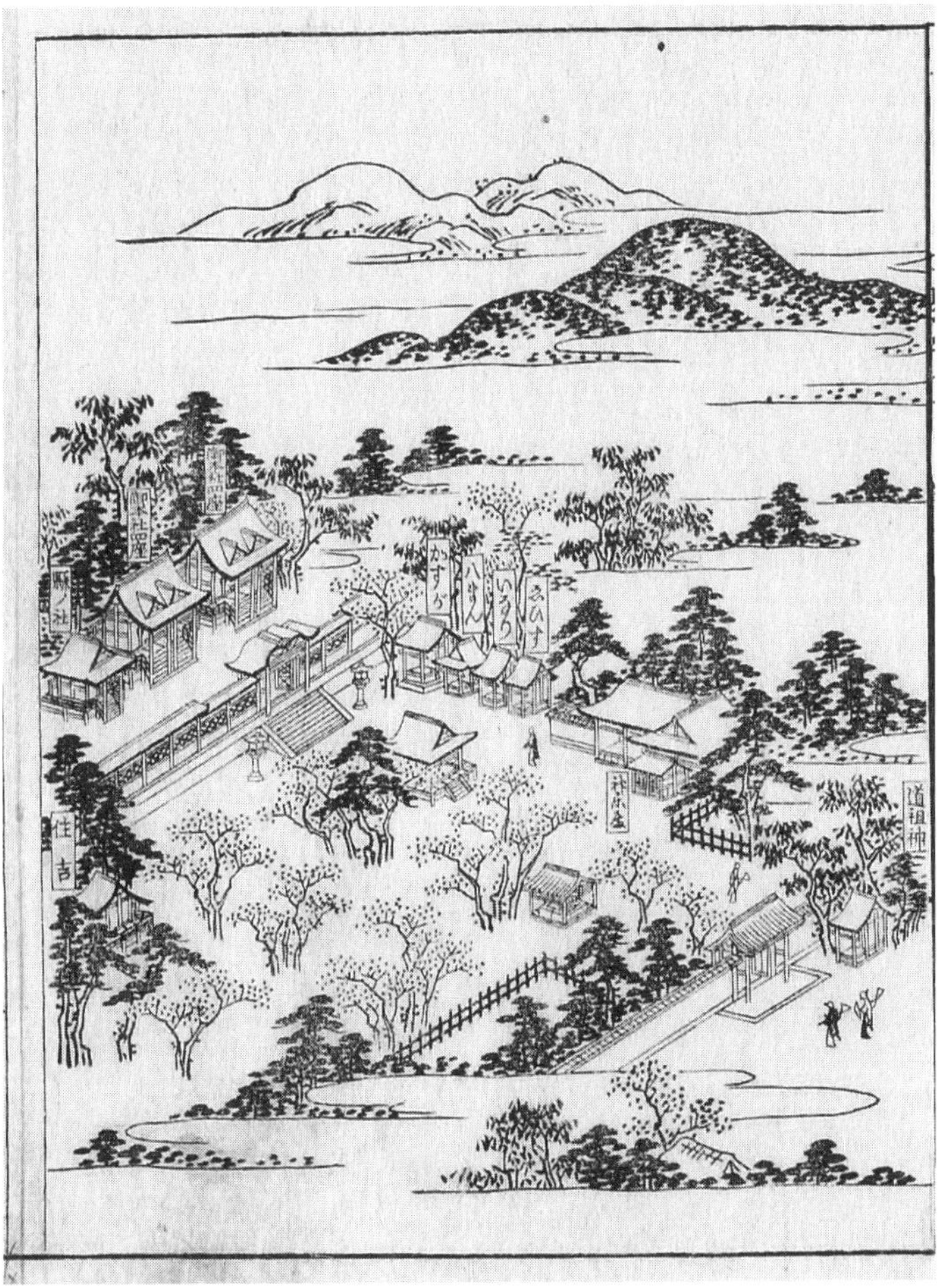

図1－1　名所図会に描かれた

こゝに紙屋川のほとりに二軒茶屋あり。ふたりは空腹となりたるに、支度せんと此茶屋にはいれば、女ども出向ひて「よふお出たわいな。ツイトおくへお出なされ　弥次「なんぞうめへものがあるかね。めしもくひたし酒ものみたし。マアちよびとしたもので一ぱいはやくたのみやすぞ　トおくのゑんさきにこしをかけると、女てうしさかづきを、もち出る。さかなは、ほしあゆのにびたしなり　弥次「さつそく是はありがてへ。女中、ひとつつぎ給へ。[23]

女中に店の奥へと促された二人は、「干鮎の煮浸し」で一杯やり、例のごとく（駄）洒落でかけあうのだった。

このようにみてくれば明らかなとおり、紙屋川の二軒茶屋も「茶屋」とはいっても、祇園社（八坂神社）の二軒茶屋と同様、酒や小料理を出す料理茶屋なのであった。実際、『都名所図会』（一七八〇年）に収録された「平野社」には（図1-1）、紙屋川の流路に沿って北へ奥行きのある平屋建ての「料理屋」があり、その向かい（東側、右下隅）にも建物がみえる。二つの建物の前には、三名の女性らしき姿もある。宣長が目にし、『東海道中膝栗毛』にも描かれた店の女性たちなのかもしれない。

3　明治期の「酒場」

江戸時代の京都で「酒場」となっていたのは、名所に立地した諸種の茶屋であった[24]。同じ「茶屋酒」でも、谷崎潤一郎の紅灯緑酒とはずいぶんと異なる酒食の風景である。ここでもう一度、明治期に立ち返り、茶屋の系譜をふまえつつ、「茶屋酒」だけではない酒場のありようをみておこう。

(1) 宴会と「一寸一杯」

「文藝界定期増刊　博覧会記念」として明治三十六（一九〇三）年に出版された佐々政一編『夜の京阪』[25]は、京都における当時の酒食事情を知るうえで、格好の手引きとなる。タイトルに「夜の京阪」とあるように、大阪で開催された第五回内国勧業博覧会にあわせて来阪・来洛する観光客に対して、ナイトライフを愉しむ術を教示するというのが編纂意図だったからだ。なかでも、「京都の料理店」[26]と題された日本画家・久保田米僊《くぼたべいせん》の記事はウラの事情までをもふくめて、とりわけ参考になる。

久保田は、「京都の料理割烹店」について語るなかで、料理そのものは「千年の都だけあつてなか〳〵発達したもの」の、「体裁のよい料理屋」はかつて皆無であった、と指摘することからはじめている。「京都の素封家」が「競って公卿と交をもとめた」結果、「料理は平常から雇ってある自家の包丁人」に頼るところとなり、料理屋を利用する必要性がなかったというのだ。どの時代を説明しているのか曖昧であるものの、幕末までの酒食の場が名所の茶屋などにかぎられた背景を物語っているともみえなくはない。

では、明治後期京都の料理屋事情はどのようになっていたのだろうか。

…〔略〕…現今京都の料理店はと申しますと。以前と違ひなか〳〵立派になりまして先づ宴会をする料理店が祇園中村楼、栂尾。それから真葛ケ原の平野屋。共楽館。鳥居本。此処等は可成り五十人以上の《ママ》も集まれる所…〔略〕…(27)

ここに列挙されたのは、五十人以上の大宴会を催すことのできる料理屋である。八坂神社（祇園社）の鳥居のたもとにある（本居宣長も足を運んだ）中村楼、その鳥居前の下河原に立地する栂の尾と鳥居本、さらに真葛ケ原（現在の円山公園）の「いもぼう」で有名な平野家(28)――これらは、木屋町蛸薬師の共楽館を例外として、いずれも祇園社周辺に立地していた。現在も中村楼、鳥居本（祇園町南側に移転）、平野家は営業をつづけている。

それから小意気に一杯飲むと云ふやうな所〔〕所謂渋ひ方が瓢亭。紀野屋《ママ》。（俗に大仏前の草鞋屋《わらんじや》）。千本。平八《ママ》。（山端）です。こゝに一種変つて居るのが是はマア全国何処にもない、すつぽん料理で大市。と云ふのがあります。[29]

「小意気に」、あるいは渋くというからには、少人数の宴席向きなのだろう。谷崎と長田が上田敏の招待を受けた南禅寺参道の瓢亭、鰻雑炊で有名な七条通の「わらんじや」、吉井勇も好んだ西石垣の「ちもと」、高濱虚子が夏目漱石をもてなした山端の平八茶屋、そして川端康成『古都』のヒロイン千重子も訪れた大市（遊廓《五番町》のはずれ）ともに現存する。いずれも京都を代表する歴史的な料理屋といってよい。

それから単に料理店と云ふのが八新。鳥羽清。竹村屋。先斗町の川新。玉野屋。美濃佐。美濃吉。美濃庄。増井松吉。津四楼などです。此処等は、一寸マア一杯を飲む所で他地方の方が御出でなすつても夫れ程耻しくない所です。[30]

八新亭（麩屋町御池上ル）と鳥羽清（油小路四条上ル）は明治前期の案内記にも掲載されている。竹村屋は川新と同じく花街の《先斗町》に松村屋・梅村屋とともに立地していたが、これら「松竹梅」の料理屋のうち明治期には竹村屋のみ残っていた。四条大橋の上手には、この料理屋にちなんだ「竹村屋橋」が架かっており、泉鏡花の小説『祇園』にも登場する。

美濃佐・美濃吉・美濃庄は、いずれも縄手通に立地した川魚料理屋で、このうち美濃吉は場所を移して現在も営業をつづけている。増井松吉は西洞院四条上ルの川魚料理屋「松吉」であろうか。「津四楼」は、西石垣あるいは下木屋町に立地した「東京流てんぷら・酒・茶漬」などを供する宿を兼ねた料理屋であった[31]。玉野屋は不詳である。

これらのうちで現存するのは美濃吉（竹茂楼）だけだ。同店が京懐石の料理屋であることを考えると、現在の感覚からすれば「一寸一杯」とはほど遠い存在である。

（2）各種料理屋と席貸

それから池亀。と云ふのがあります、是れは生洲と称しまして…〔略〕…此処は淡水魚の料理屋で昔しは禁裏の御用も承つて都名所図会にも載つて有名な所です。…〔略〕…鶏肉《しやも》屋では菊水。鳥三。鳥六。などがマア屈指の所でそれから牡蠣料理の四条の八百岩。殆んど精進を主にして一寸変つてゐるのが京極の四季亭（花遊軒）〔、〕東寺の鳥羽屋〔、〕西洋料理では也阿弥京都ホテル〔、〕中村楼などです[32]。

池亀楼は、司馬江漢らも訪れた木屋町三条上ルの生洲である。高瀬舟ゆく高瀬川に面して立地していた。

久保田米僊は「しやも屋」としているが、「文化以来京坂はかしわと云鶏を葱鍋に烹て食す事専也江戸はしやもと云闘鶏を同製にして売レ之」[33]というように、京都や大阪では鶏肉を一般に「かしわ」と呼ぶ。『夜の京阪』所収の変通子「京都の飲食店」には、「かしわ屋」として、「東京でいふ『志やも屋』即ち是れである、祇園町附近、先斗町界隈を主なる部分として、至る所これあらざるはなし」と説明される。[34]谷崎潤一郎も訪れた菊水は祇園町南側（花見小路青柳小路）に位置した。まさに花街の料理屋というわけだ。なお、「牛肉屋」も「鶏肉屋《かしわや》と殆ど大同小異」ながら、より「平民的」であったという。

次いで牡蠣料理の「八百岩」とは、四条大橋西詰にあった八百政（矢尾政）の前身であろうか。国木田独歩《くにきだどっぽ》は「矢尾政の蠣飯」について、「四条橋畔（西詰）に矢尾政と云へる三階造りの食店あり、冬は牡蠣飯一方にて牡蠣の天婦羅、牡蠣飯、牡蠣の豆腐からあへ等、牡蠣一式の料理、十余種を出し候」と記していた。[35]

花遊軒は、現在の花遊小路（新京極）に位置した料理屋、鳥羽屋は「東寺北赤門前」の「会席並ニ魚精御料理屋」であった。[36]また、西洋料理として也阿弥ホテルと京都ホテルのみならず、中村楼もあげられているが、この点については第3章で取り上げる。

そしてもうひとつ、料理屋で小粋に呑むのとも花街の「茶屋酒」とも異なる酒席が当時の粋筋にはあった。一見さんお断わりの、風俗営業色の濃い特殊な旅館「席貸」である。[37]久保田米僊はいう――「木屋町に軒をつらねゐる席貸……で前申した料理屋の一番手近な家へ電話をかけて自分の欲する料理を取寄せて飲むと云ふのが京都の通のすること」だ、[38]と。

当時の席貸は木屋町通に面した鴨川側の街区、すなわち二条〜三条間の《上木屋町》ならびに四条〜松原間の《下木屋町》とに集積していた。「木屋町の貸座敷〔＝席貸〕で一杯飲むといふのは是は或る側の目的で此処へ行くといふのであつて嫖客と云つては如何ですけれどもマア通と云ふ側の人が行く」というわけだ。

4　酒場の系譜

是等の料理店は他地方と異ひまして、京都は殆んど夜を以て主として、やつて居ます、瓢亭。紀野喜。四季亭。などを除くの外は大抵、夜を主として居つて京人は料理屋へ行くと云ふと白昼《ひるま》よりは寧ろ夜酒を飲みに行くと云ふ風習があるのです。(39)

明治期の京都にあって料理屋は、会席を主とする「品よく一杯」と「稍々粗雑風に一寸一杯」向けとに分化していたとはいえ、どちらも夜に酒を飲みに行く場であることに変わりはなかった。そうした酒場としての料理屋の系譜を図式的にまとめてみたのが、図1－2である。

江戸時代は名所や寺社の境内に立地する、あるいはイヴェントにあわせて小屋掛けをする茶屋が、酒場としての役割をはたしていた――もちろん酒を供さないところもある。なかには、現在のラブホテルに類する出会宿を兼ねるような店まであった。

江戸	茶屋				塔頭	
	貸座敷	市掛茶屋 水茶屋	（兼） 出会宿	料理茶屋	料理屋 席貸	
明治	貸座敷 （お茶屋）	（衰退／消滅）		料理屋		席貸

図1－2　京都における酒場／料理屋の系譜

それらに対して二軒茶屋などは、本格的な料理屋といってよいだろう。円山安養寺の塔頭もまた、講などのおこなわれる席貸を兼ねた料理屋であった。花街の貸座敷における酒食の実態は不明であるものの、「茶屋酒」をたのしむ客もいたのではなかろうか。

明治期になるとこれらの茶屋は淘汰されて、機能の分化が明確となる。すなわち、寺社の境内などに立地した茶屋が衰退・消滅していった一方で、旧来の料理茶屋に海川魚・鶏肉・牛肉などを扱う店がくわわって、各種料理屋が主たる酒場となった。

他方、貸座敷（＝お茶屋）の営業が認められる指定地として廓が制度化される。近代花街の誕生である。この制度化は、「江戸ッ兒」（谷崎潤一郎）をいくらか戸惑わせるような特色を帯びることとなった。

> 一體此方の料理屋は、全く料理を喰ひに行く所の様に作られて居る。藝子を呼ぶ事は甚だ稀で、女の顔が眺めたい人は、貸座敷へ上る。さうすれば、藝子でも舞子でも、入れ代り立ち代りウジヤウジヤやつて来るけれど、喰ひ物と云つたら、酒の肴に

佃煮か何かゞ、ちょんびりと出るばかり。料理屋と揚屋との間には、劃然たる區別があるらしい[40]。

ここに京都花街の特色がはっきりとあらわれている。芸妓置屋-待合-料理屋（三業地）からなる東京の花街では、料理屋で「お座敷あそび」をすることもできた[41]。ところが京都の場合、お茶屋と料理屋は機能分化し、花街の「茶屋酒」と料理屋の酒席とは、谷崎の言葉を借りるならば、画然と区別されていたわけだ。

さらには花街のお座敷遊びにも飽きた粋筋の隠れ家的遊興の場として、《上木屋町》・《下木屋町》や八坂神社鳥居前の下河原通などに席貸街が形成されていく。明治京都のナイトライフを支えていたのは、料理屋-お茶屋（貸座敷）-席貸という三つ組みのサーヴィス業であった。「茶屋酒」にしても「料理屋の一寸一杯」にしても、酒飲み天国にはまだほど遠い。江戸時代にまでさかのぼる「茶屋酒」の系譜から離接した酒場の登場は、このあとすぐ、大正期にはいってのことだ。

注

（1）谷崎潤一郎「朱雀日記」（『谷崎潤一郎全集 第一巻』中央公論社、一九八一年、三三一-三六八頁）、三三四頁。生年から計算すると二十五歳のはずだが、本人は数え年なのか数え間違いなのか二十七歳としている。

(2) 吉井勇『東京・京都・大阪 よき日古き日』平凡社ライブラリー、二〇〇六年、二〇七頁。

(3) 前掲、谷崎潤一郎「朱雀日記」、三三六頁。ただし、後に谷崎は「いくら大毎支局長の勢力でも万亭の女将が洋食屋の二階へ呼ばれて来るのは變なやうだから、或は仲居であつたかも知れない」と振り返っている。谷崎潤一郎「青春物語」(『谷崎潤一郎全集 第十三巻』中央公論社、一九八二年、三四三-四三九頁)、三九九頁。

(4) 前掲、吉井勇『東京・京都・大阪 よき日古き日』、二〇八頁。「京洛篇」という随筆集にも同様の記述がある(『底本 吉井勇全集 第七巻』番町書房、一九七八年、三七五頁)。

(5) 前掲、谷崎潤一郎「朱雀日記」、三六二頁。

(6) 前掲、谷崎潤一郎「青春物語」、四〇〇、四一六頁。

(7) 長田幹彦『青春物語』新潮社、一九五五年。

(8) 加藤政洋『京の花街ものがたり』角川選書、二〇〇九年。

(9) 飯野亮一『居酒屋の誕生 江戸の呑みだおれ文化』ちくま学芸文庫、二〇一四年。

(10) 本居宣長「在京日記(一-三)」(『本居宣長全集 第十六巻』筑摩書房、一九七四年、二七-一三九頁)、六〇頁。

(11) 前掲、本居宣長「在京日記(一-三)」、一〇一頁。

(12) 前掲、本居宣長「在京日記(一-三)」、一三一頁。

(13) 国際日本文化研究センター「平安京都名所図会データベース」。

(14) 司馬江漢「江漢西遊日記」(駒敏郎ほか編『史料 京都見聞記 第二巻 紀行Ⅱ』法藏館、一九九一年、二六四-二六九頁)、二六六頁。滝沢馬琴「羇旅漫録」(前掲、駒敏郎ほか編『史料 京都見聞記 第二巻 紀行Ⅱ』、四一五-四三六頁)、四二七頁。

(15) 前掲、本居宣長「在京日記(一-三)」、八七頁。

(16) 前掲、本居宣長「在京日記(一-三)」、六〇頁。

(17) 前掲、本居宣長「在京日記(一-三)」、五三頁。

(18) 前掲、本居宣長「在京日記(一-三)」、九五頁。

(19) 前掲、本居宣長「在京日記(一-三)」、一〇七頁。

(20) 前掲、本居宣長「在京日記(一-三)」、一〇七頁。

(21) 前掲、本居宣長「在京日記(一-三)」、九九頁。

(22) 前掲、司馬江漢「江漢西遊日記」、二六七頁。

(23) 十返舎一九『東海道中膝栗毛 下』岩波文庫、一九七三年、七編下、二六七頁。

(24) ほかに円山安養寺の塔頭も宴席として使われ、独特の「もてなし」文化を発達させていた。この点については、加藤政洋編『モダン京都 〈遊楽〉の空間文化誌』(ナカニシヤ出版、二〇一七年)の第四章を参照。

(25) 佐々政一編『夜の京阪』第十六号、金港堂、一九〇三年。

(26) 久保田米僊「京都の料理店」(前掲、『夜の京阪』)、一六一-一七四頁。

(27) 前掲、久保田米僊「京都の料理店」、一六四-一六五頁。

(28) ただし、「下河原の神幸道に近く平野屋があったことは、余り知る人が少ないと思ふ。ここでは円山の芋棒とは別に料理屋を開いてゐて、鳥居前の中村楼と共に一時賑はったものである」という指摘もあるが、円山公園は真葛ケ原にあたることから、この平野屋は「いもぼう」の方であると思われる。堂本寒星「明治の頃の京料理屋」（『洛味』第一〇〇集、一九六〇年、三四−三六頁）、三六頁。

(29) 前掲、久保田米僊「京都の料理店」、一六五頁。
(30) 前掲、久保田米僊「京都の料理店」、一六四−一六五頁。
(31) 石田有年編『都の魁』石田戈次郎、一八八三年、八八丁。
(32) 前掲、久保田米僊「京都の料理店」、一六五頁。
(33) 喜多川守貞（室松岩確編）『類聚　近世風俗志』文潮社書院、一九二八年、一一七頁。
(34) 変通子「京都の飲食店」（前掲、『夜の京阪』、六三−八九頁）、六四頁。
(35) 国木田独歩「西京料理素人評」（『定本　國木田獨歩全集　第九巻』学習研究社、一九六六年、六九〇−六九五頁）、六九五頁。
(36) 辻本治三郎編『京都案内都百種』尚徳館、一八九四年、二〇八頁。
(37) 前掲、加藤政洋編『モダン京都〈遊楽〉の空間文化誌』。
(38) 前掲、久保田米僊「京都の料理店」、一六六頁。
(39) 前掲、久保田米僊「京都の料理店」、一六五−一六六頁。
(40) 前掲、谷崎潤一郎「朱雀日記」、三四五頁。
(41) 加藤政洋『花街　異空間の都市史』朝日選書、二〇〇五年。

第2章　酒場の登場

1　学生文化と飲食店

何しろ市電が熊野神社までしか来てゐなかつた時代だから交通費はいらず、映画もあまり上映されず、本の出版も今日のやうに盛んでなかつたから文化費もいらず、喫茶店も後にカギヤが一軒だけの時代だから、苦労しらずのわれわれは一本五銭の正宗に酔つぱらつて文学を語り政治を論じて、その日その日を送るのであつた。(1)

明治期の酒場は、料理茶屋の系譜につらなる料理屋であったり、お茶屋や席貸といった京都の粋筋の空間（お座敷）がその役割を担っていた。「一寸一杯」式の酒場は、いまだ登場していない。

結論だけを先取りしていうならば、気軽に飲むことのできる酒場が都市の消費文化として花開くのは、大正期以降のことだ。その一部始終とは言えないまでも、酒場の消長を目の当たりにし、自ら酔いどれ、（そしてこれがいちばん重要なのだが）ときには懐古調に語り記述した者たちがいる。それは、青春時代を第三高等学校（以下「三高」と略）で過ごし、のちに文筆家としても活躍した大学教員たち、あるいは小説家となった者たちであった。

本章では、三高出身者（退学者もふくむ）の文学作品や随想を手がかりにして、モダン京都に固有な空間文化を開花させた酒場の登場シーンを垣間見てみよう。

(1) 三高生の経験から

……〔略〕…京極裏の小路を突き当って、「正宗ホール」へはいった。
そこも三高生の寮歌がガンガンと鳴り響いていた。[2]

昭和六（一九三一）年に第三高等学校へ入学した織田作之助の小説『青春の逆説』から引用した。三高生である主人公・豹一の足どりは、織田作自身の経験にもとづくものとみてよい。「正宗ホール」についてはこのあとに紹介するけれども（第5章も参照）、三高生にはもっともなじみのふかい酒場であった。

織田作とともに三高生活を送り、彼が亡くなるまで交際をつづけた小説家の青山光二は、「その頃、三高生がよく行った酒のみ場所は、新京極裏の正宗ホール、四条大橋西詰の八百政、たまには南座前の菊水などだったが、あまり酒をのまない私たち三人は喫茶店をハシゴすることの方が多く、四条河原町の長崎屋あたりが街あるきの出発点だった」[3]、と回想する。

まっさきに挙げられたのは、やはり「正宗ホール」で、四条大橋をはさんで南西と北東に対蹠的に立地する京都有数の近代建築「矢尾政」と「菊水」とがつづく。ヴォーリズの設計にかかる西洋料理（ビアレストラン）の矢尾政は、現在、中華料理の「東華菜館」となっている（図

図2－1　昭和初期の「矢尾政」

2－1）。他方の菊水は、名称も変わらないままビアレストランを兼ねた洋食店としていまにいたる（図2－2）。「長崎屋」は昭和元年に創業したカステラの老舗で、当時は四条河原町の北東角（やや北側）に立地していた。

青山のいう「街あるき」はおもしろくて、もちろん遊歩そのものをふくむのだけれども、それは河岸をかえて酒場や喫茶店を「はしご」することと同義であった。昭和前期の京都では、学生たちの喫茶や飲酒といった消費行動（＝街あるき）を支える多様なサーヴィス業が、すでに成立していたのである。

そして、織田作ら昭和初期の三高生たちが当然のように享受していたこの消費空間を、その成り立ちから目撃していたのが、

図2－2　大正後期の「菊水」

大正初期の三高生たちなのであった。

(2) 貸間とミルクホール

本題である「三高生の酒場」へとはいる前に、少しだけ寄り道をして、三高生の生活空間の特徴にもふれておきたい。戦後、立命館大学の民主主義的基礎を打ち立て、総長もつとめた法学者の末川博は、大正三（一九一四）年に三高を卒業している。山口県出身の彼は、自らの下宿生活の経験をふまえて、とても興味ぶかい文化論的な指摘を残した。

…〔略〕…そのころの京都には、寺院や民家で部屋だけを借りて食事は外でする学生が多かったので、そういう学生相手専門ともいうべき食堂があちこちにあった。これは、京都独特のもので、東京の本郷や神田あたりにはやくから純然たる下宿屋が出来ていたのと違うところであろう。

つまり、京都では、寺院や普通の民家などで空き間があると、それを学生たちに貸してくれるところがたくさんあったので、自然に学生相手の食堂が出来ていたのである。このことは、また京都の人たちが一般に学生というものを大切にする風をつくっていたことの現われともいえるであろう。[4]

東西二都市のみごとな比較文化論となっている。東京の学生街には、「純然たる下宿屋」がはやい段階で成立していた。いわゆる「まかない付きの下宿」である。近代日本の首都たる東京へ学歴の階梯をのぼらんとする青少年人口が集中するなかで、高等教育機関の周辺には、ひとつ屋根の下を空間分割して「住／食」生活を担保する専門特化した下宿業が集積したのだった。[5]

他方、奠都後に著しく空洞化した影響が尾を引いていたからなのであろうか、京都では余剰空間をレンタルする文化が根づいたのである。それは、部屋（空き間）を貸すだけの副業で、当然、朝夕の食事を調理して出すこともない。学生は文字どおり「間借りする」だけなのだ。すると学生たちは、下宿と学校とのあいだに第三の空間たる食事処をもとめなければならない。おのずとキャンパスの周辺には、「学生相手の食堂」ができるというわけだ。末川もまた、

「昼食は、三高の横手にあったミルクホールやうどん屋などで簡単にすませ」ていたという。

ここに「ミルクホール」なる語句が登場している。時代はずいぶんとさがるけれども、青山光二によると、「三高の東側の通りには三高や京大の学生相手の食堂やミルク・ホールが軒をならべていた(6)」。

末川とほぼ同世代の人物は、（酒場を志向する辛党／左党との対照で）「甘党のためにはミルクホールというものが吉田附近にあり、文字どおりミルクとトースト、そのほかはシュークリームとカステラくらゐで和菓子などはなかった(7)」と述懐する。コーヒーではなく牛乳と軽食を出す飲食店だったわけだ。昭和初期には製パン業者直営の「パンホール」も登場してくる。

気にかかるのは、「昔、筆者らの若い時には、まだミルクホールといったものだが、学生町などには少しは残っていた…〔略〕…がいつ頃からか喫茶店に移っていった(8)」、あるいは「吉田かいわいに約百軒のミルクホールができ…〔略〕…これがやがてカフェーに発展していった(9)」だとか、「ミルクホールも次々と喫茶店に衣替えし」たという語りが存在していることである。きちんと跡づけてみなければわからないけれども、直感的にはミルクホールから喫茶店へ、あるいはカフェーへという単線的な移行は認められないように思われる（カフェーについては後述）。

（3）散歩道の喫茶店

ここで、三高出身者ではないけれども、あるひとりの人物の回想に耳をかたむけてみたい。それは、大正十二（一九二三）年十月、関東大震災後の東京から避難するかたちで東京帝国大学経済学部から京都帝国大学経済学部へ転学し、卒業後は兵役を経て大阪毎日新聞社の記者として活躍した前芝確三である。[10] 戦後、この文章を書いたときには、立命館大学法学部教授へと転身していた。

喫茶店というものも、ずいぶん変遷をけみしたが、私たちの京大生だつた頃、よく足を運んだのは、いまもその建物の残つている寺町二条角の鎰屋の「茶寮」で、東大かいわいの青木堂や白十字など問題にならぬほどの堂堂たる構えだった。その二階で私はしばしば紅茶を前に、丸善で買つたばかりの洋書の新鮮な紙の香を楽しみながら、悠々と頁をくつたものだ。[11]

丸善で洋書を購入し、鎰屋で喫茶すると聞けば、すぐに梶井基次郎の『檸檬』を思い起こすところであるが、ここではのちに「本家かぎや主人」となる白波瀬延秋による大正・昭和初期（一九二〇年代）の回顧録をみておきたい。[12]

菓子店の鎰屋が喫茶スペースを設けるようになったのは、明治四十年ごろのことで、当代の主人が東京の星ケ丘茶寮にあこがれて、「茶寮」と名付けたのだという。前芝が堂々たる構えと表現したように、大正期の鎰屋は「黒壁の洋風二階建て」で、屋上は鉄柵をめぐらせたルーフガーデンにしていた。備え付けの手動リフトで菓子や食器の揚げ降ろしも可能であり、送り火の夜などは満員となった。

興味ぶかいのは、「その頃のかぎやは繁華街、交通の中心で、附近には一流商店が櫛比」していたという白波瀬のメンタル・マップである。周囲の老舗のみならず、鳩居堂（寺町姉小路上ル）、東洋亭（河原町三条下ル）、三嶋亭（寺町三条）や新京極北端の店舗までをも「附近」として列挙するのだ。現在のように、御池通・河原町通が拡幅されておらず、寺町二条が市電の通りであったことを考えれば、中心性の強度ははるかに高かったことだろう。

そうであるがゆえに、三高生の散歩道としても選ばれたにちがいない。白波瀬によると、三高生たちは、「吉田から『紅もゆる……』や琵琶湖周遊《ママ》やらを歌いながら熊野‐丸太町‐寺町‐かぎや‐二条‐四条‐東山」と歩くコースが一般的であった。三高生にとって鎰屋の茶寮は、散歩の途中、「談論風発青春の焔を燃やす場」となっていたのだ。

だが、昭和にはいると「電車も河原町通り《ママ》の拡張でその方に移り、三高生の巡回コースにも[13]多少の変化があり、おでんの帝大屋、すき焼のくず家、小鉢ものの正宗ホール、喫茶のこまどり」などがくわわるようになる――前二者の立地は不詳、正宗ホールは《裏寺町》、こまどりは四条柳馬場東入ル。

三高生たちのコース変更は、道路事情の変化によるばかりではあるまい。それは、昭和京都のサーヴィス業が以前にもまして多様化し、充実してきたことのあらわれでもあったはずだ。とりわけ三高生の消費行動と関わる重要なサーヴィス業のひとつが、カフエーである。

（4）コンパはどこでするのか

またしても話は脱線するが、青山光二がいまとなっては信じがたいコンパの風景をさらりと描いている。クラス・コンパをすき焼きの老舗「三嶋亭」で開いていたというのである。物価が違うとはいえ、現在の居酒屋チェーン店のように安価な料理屋というわけではあるまい。

それればかりではない。彼も一時所属したというラグビー部でも、年一回の「大コンパ」を三嶋亭でおこなっていた。しかも、それは「歌ったり踊ったりで二階座敷の床が抜けそうな、盛大なものだった」という。[14] これは昭和初期（一九三〇年代前半）のことだ。

明治末年ないし大正初年（一九一〇年前後）にまでさかのぼってみても、事情はさして変わらなかったらしい。末川博はいう――「最初のクラス会は、今日も京極の横町にある翁亭で開いた。いまも昔も同じように、スキヤキをつつきながら飲みかつ食ったわけである」[15]、と。

「クラス会と言へば八新とか樹之枝とか、当時一流どころで開く外はなかつた」というように[16]、そもそも懇親会の受け皿となる空間（サーヴィス業）が料理屋にかぎられていたことも背景にある。だが、ハコの問題もさることながら、「三高生は、ヤンチャ坊主の『学生はん』として扱われ、少々無茶な乱暴をしても、あけて通すという寛大な見方がひろく市民のあいだを支配していたので、三高生は、多少あまえた気持で騒ぐ風もあった」とされるように、京都固有の学生に寛容な気風が醸成されていたことも理由のひとつであった[17]。

チェーンの居酒屋で二時間飲み放題（三五〇〇円）のコンパとは、隔世の感がある。

2　三高生の酒場

（1）文化サロンとしてのカフエー菊水

……〔略〕……アブサントとは何か、ジンとは何かといふ知的探究心を満足させるために……〔略〕……祇園石段下にあつたそのころはまだ一階建の昼でも暗いやうなカフェ・ギオンを訪れたのが恐らく私の三高へはいつた酒ののみ始めであつた[18]。

ずいぶんと寄り道をしたが、本題「三高生の酒場」にうつろう。ここでキーパーソンとなるのが、大正四（一九一五）年に三高を卒業し、のちに同校教授となった英文学者・山本修二である。管見のかぎりではあるけれども、彼は京都の酒場に関する二つの貴重なエッセーを戦前・戦後にひとつずつ残しており、ここでの主要な参考文献となる。

それらによると、彼の学生時代（大正初年）に「カフエーといふものが、始《ママ》めて京都に生れ」、「今日の小料理屋とかおでん屋とかいつたものも、その頃に始まつたのだから、何しろ僕らのゼネレーシヨンは酒に縁が深かつた」[19]というように、学生生活を送った大正期、そして三高教授として織田作らとも交流をもった昭和初期を通じて、京都における酒場の興隆を、山本はまさに身をもって体験していた。

彼が入学した「大正元年のころは喫茶店などは絶無、カフェーといつてもまだ一〔、〕二軒しか現はれてゐなかつた」[20]。気軽に酒を飲む場など、なかったわけだ。左党の選択肢はかぎられ、新京極あたりの蕎麦屋（更科など）か縄暖簾をくぐるほかはない。ところが、その縄暖簾にしても、たとえば当時は「関東煮屋《かんとだき》」と称されたおでん屋があるにはあったが、いずれも「一ぜんめし屋」に等しい大衆食堂のたぐいで、どんな酒豪も避けるほどの汚さであったという。

唯一つの例外は今の京映、昔の歌舞伎座の北横を東へ這入つた小林亭といふ存在であつた。これは昔の所謂「縄のれん」の衣鉢を伝へたものであり、まづ表には「酒しやうちう」と書いた大提灯、中へ這入ると硝子棚に一品料理が並べてあり、酒も静海とかいふ地酒であつたから、やはり何処やら「一ぜんめし屋」の感じであつた。

新京極のはずれに立地して酒と焼酎を出す小林亭も、どちらかといえば食堂にちかかったのだろう。ただし、この店には、「お玉さんといふ類ひ稀なる美形がゐたために、学生さんが押し掛け」て繁盛していたという[21]。

大正初年に小料理屋やおでん屋ができはじめたものの、山本をふくむ三高生たちの目に映るのは、このあとにみる「正宗ホール」を例外として、その多くは誕生したばかりのカフエーであった。

そもそも「カフエー」とは何か。まず「エ」が拗音になっていないことに注意されたい。当時は文字通りに発音されていたのである。当然、現在はやりのカフェ（café）ではない。次節と本書第4章で詳細にみるけれども、ありていに言えば昭和日本を代表する水商売（スナックやサロン）のプロトタイプと考えておけばよいのだが、京都に登場したカフエーはサロン的な洋食バーであったようなのだ。

山本自身は次のように説明する。

名前はカフエーと言つても、当時のカフエーは今日のバーに等しいもので、同じころに開業したカフエー菊水だつて女給さんは廂髪に白いエプロンといふのだから、今日の何々婦人会と大差がないほど清楚なものであり、無論客席に侍るなど丶いふ事もなく、立ちながら酒でも注いで貰へば無上の光栄としたものであつた[22]。

ポイントは、給仕する女性（女給）がエプロンを身につけて、席に侍ることまではしないまでも、酒をつぐなどして若い学生たちの目を惹きつけていたということである。文中に登場する「カフエー菊水」とは、現在も四条大橋北東（南座前）にあるレストラン菊水である。同店のウェブページには大正五（一九一六）年の創業とあるのだが、ここに現実味のある別様の証言が存在しているので引用しておこう。

カフェー菊水が新装して店を開いたのは、たしか大正元年秋の事である。といふのは、その年の九月上旬、私がはじめてあの楼上で食事をした時には、まだ一部分の工事は竣功せず、大工の槌音がしきりと周囲にやかましく響いて居たのを記憶して居るからである。[23]

こう述べるのは、山本修二と同期で、同じく英文学者の矢野峰人である。第三高等学校入学のために大正元年九月早々、友人の片岡鉄兵と一緒に京都へやって来た矢野は、その日、昼も夜も菊水で食事をした。「われわれは珍らしい『洋食』の方に、一層よく心を引かれた」というのだが、実際のところは開店早々の「菊水」にいた二人の女給の一方に、片岡が一目ぼれをしたためである。図2－2に写る建物は新装した店舗であると思われるが、矢野の記憶は鮮明であり、洋食店としての歴史は大正元年にさかのぼる可能性もある。

山本自身も学生時代を振り返り、次のように述べている。

殊に全盛をきはめたのは菊水の二階であつて、六時すぎなら何時上つて行つても三高生の誰かれに会へたし、十時ごろ興たけなわとなれば、二階一面が三高生でうづめられて、いはば三高の社交クラブの観があつた。寮歌を歌ひ出すのでなく、いはば文化的な雰囲気にみち〳〵たものであつた。[24]

「文学談に花を咲かせ」る三高生の「社交場」、ある種の文化サロンとして機能していたのが、菊水の二階であった。繰り返しになるが、現在の建築の前身で、また店自身が掲げている創業年よりもはやくに、女給をおいて洋食・酒類を提供するカフエーと化していた可能性がたかい。

(2) はじまりの「正宗ホール」

昭和初期の三高生である織田作も訪れた「正宗ホール」――この正宗ホールの草創期を、ほかの誰にもまして詳しく書き残したのも山本修二である。彼によると、正宗ホールは「近代的な意味の小料理屋の濫觴」というべき店であった。

後年有名になつた正宗ホールが開店したのは私が三高を去らうとする大正四年のことであるから、私も草別けの一人である。素人料理といふガラス障子はそのころから這入つてゐたが、初めは文字どほり素人料理で、五六人しか席がなく、さかなもくさやの干物かあた

りめか、手のこんだ御馳走はなく、菊正宗一本十銭、櫻正宗一本八銭といふのだから、有難い御時世であつた。(25)

正宗ホールの開店年まで記した唯一無二の文章ではないだろうか。大正四（一九一五）年というから、京都のまちが御大典の記念事業で盛り上がっていたころのことだ。

店の外観まではわからないが、はめ込まれたガラス障子に「素人料理」（「素人御料理」）と書かれていたという。興味がもたれるのは、「素人料理」という言い方である。山本は席数の少なさと、お手軽な料理にその意味をもとめている。つまり、少数の客に手のかからない料理しか出さず、灘の生一本を飲ます酒場、それが「素人料理」というわけだ。

なぜ、わたしがこの山本の語りに興味を覚えたのかというと、いまでも京都のあちらこちらで「素人料理」だとか「お手軽料理」といった看板を目にするからにほかならない。どちらも「料理」とあるのだが、なかにはいってみるとカウンターだけの酒場であることが多い。メニューも少なく、カウンターの上に置かれた数枚の大皿に、それぞれ別の料理がもられている。女性がひとりで経営する店の多いことも特色のひとつである。こうした酒場はどこにでもありそうなものだが、はたして「素人料理」を名のる店はほかの都市にもあるのだろうか。

山本は店の女性についてもふれる。

正宗ホールの経営主は、さる画家を夫としたおしんちゃんを頭として、お仲ちゃんお高ちゃんのチェホフではないが「三人姉妹」であつた。江戸から流れて来たといふ触れ出しで、なあに浜だよといふ噂もあつたが、何しろキビ〳〵とした江戸ッ子で、今までの縄ノレンと違ひ、素人だけに清潔な感じがあり、三高生がワンサ〳〵と押しかけたので、たちまち店が繁昌して、次第に酒場を拡張し、東京に支店が出るやうになつたのも、みなこれ三高のお蔭であつた。(26)

「三人姉妹」の位置づけは、戦前／戦後でゆれている――昭和戦前期のエッセーだと、「女給さんといふか仲居さんといふか、酌する人」としていた――ものの、人気が人気を呼んで繁盛につながったことも事実ではあった。同じ場所で二店舗を経営し、東京へも支店を出したというのである。しかしながら、「お高ちゃんが先づ此世を去り、お仲ちゃんが何処かへ姿を匿し、おしんちゃんの旦那さんが歿《な》くなった」ったことで、初期「正宗ホール」の雰囲気は失われた。「正宗ホール」の来し方・行く末については、あらためて第5章でたどることとしたい。

3 社会問題化するカフェー

(1) 風俗営業取り締まり

明治期の日本にコーヒーその他の飲料を提供するサーヴィス業として登場したカフェーは、当初、喫茶店との明確な区別はなく、コーヒーやアルコール類を飲ませ、インテリ層が集まるサロン的な雰囲気の場であった。ポイントは、フランスの café とはちがい、給仕・接客する女性、すなわち「女給」が配されていくことだろう。フランスでは、男性（ギャルソン Garçon）が担当する。

東京では関東大震災の前後、その他の大都市でも昭和初年にかけて、カフェーの業態は明確な分化を遂げてゆく。つまり、当初のサロン的な雰囲気を失い、女給の濃密なサーヴィス、ジャズ、ダンスホールを売り物にする、従来の花街を圧迫するような（いわゆる「風俗営業」としての）カフェーと、明智小五郎のような「高等遊民」たちが孤独に時間・空間を消費する大衆的な喫茶店とが成立するのである[27]。

こうして、「赤い灯　青い灯　道頓堀の　川面にあつまる恋の灯に　なんでカフェーが忘られよか」（日比繁治郎作詞『道頓堀行進曲』）と唱われる時代が到来する。いつの時代も、新手の風俗営業はたいていのところ大阪から隆盛するのだからおもしろい。ネオンが夜空をこがし、雑踏の喧騒にリズムをそえるジャズ。迎えるはエプロンに身をつつんだ洋装断髪の女給たち。

だが、女給が侍るという異性間の接触だけにとどまらず、客が女給を同伴して外出するなど営業形態が奔放になると、カフエーはひとつの社会問題として注目を集めた。結果、昭和四（一九二九）年夏には、大阪でカフエーの取り締まりが議論され、同年の十月二十日から「カフエー取締規則」が実施される。

この規則そのものが、戦後に立法・施行されることになる「風俗営業取り締まり」を先取りする内容となっているので、ここで取り上げるには詳細に過ぎる感も否めないが、あえて「取締事項」を列挙しておきたい[28]。

一、地域的制限

官公署、学校、病院等の附近および住宅商店の連担する場所等〔、〕風紀および□□上支障ある地域の営業所においては歌舞音曲その他喧噪にわたる行為を禁ず

二、構造設備に対する制限

（イ）客席の照明にして著るしく暗きもの或は営業所の内外装飾にして附近街衢の調和を失するが如き異様にわたるものは十分改善せしむ

（ロ）別室もしくは隔壁、カーテンの類をもつて区別するものにして風紀を紊し易き設備は改善せしむ

三、営業上の制限

（イ）営業者をして客の待遇にあたらしむべき女給を雇入れたる場合は〔、〕五日以内に左記事項を届出しむ、解雇又は届出事項に変更を生じたる時また同じ

1、本籍、住所、氏名、生年月日　2、医師の健康証明書　3、女給との契約事項

（ロ）前項届出に接したる時は公安風俗を紊り若くは衛生上不適当の者にあらざるやを調査するは勿論〔、〕爾後においても常に視察を厳密にして該当者ありたる場合は就業停止或は解雇を命ず

（ハ）女給よりいはゆる罰金その他名義の如何を問はず金銭物品の徴収を禁ず

（ニ）女給の芸妓類似行為を禁ず

（ホ）客席、テーブル上若しくは見易き場所に飲食物の定価を表示せしむ

（へ）営業時間は午後十二時を限度とせしむ

（ト）喧噪にわたる高声の楽器または蓄音機の使用を禁ず

（チ）女給をして客の送迎或は外出の随伴を禁ず

四、歓楽地帯の取締
本取締事項の実施にあたり貸座敷免許地〔・〕藝妓居住地域およびその附近興行場密□等いはゆる歓楽地帯にありては営業所内外の装飾および営業時間の制限、歌舞音曲の取締は相当斟酌せしむ

「地域的制限」は、公共性の高い施設を中心とした一定の空間的ひろがりにおける立地を規制する。構造設備は、女給と客との淫らな接触が起こる可能性のある個室化を禁ずるものだ。営業にまつわる（イ）などは、芸妓・娼妓の登録制を応用しているとしか思えないが、かといって女給は芸妓でないのだから、歌舞音曲といった（ニ）「類似行為」は厳禁であった。（ホ）は「ぼったくり」を防止する条項である。

第一項の「地域的制限」と第四項の「歓楽地帯の取締」はセットで考えなくてはなるまい。つまり、遊廓をふくむ花街に立地するならば、営業時間はもちろん、店の装飾や芸妓の類似行為にいたるまで、取り締まりは「相当に斟酌」されるというのだから。あきらかにこの条項は、カフエーの花街への空間的囲い込みを意図している。

大阪における取り締まりをめぐる議論、その帰結として施行された「カフエー取締規則」が内務省へと伝播するかたちで、この問題は全国化する。だが、実際に取り締まりを実施したのは東京など、ごくかぎられた府県に過ぎなかった。

興味がもたれるのは、帝都・東京において論議を呼んだ「カフエーとは何ぞや」、つまり定義をめぐる問題である。じつのところ、取り締まりの内規はすでに道府県の各警察にあったものの、規則として定められたところは少なく、定義の問題も警視庁が「其ノ名称ノ如何ヲ問ハス洋風ノ設備ヲ有シ婦女カ客席ニ侍シテ接待ヲ為ス料理屋又ハ飲食店ヲ謂フ」――「カフエー、バー等の名称の如何を問はず、客席に女が侍りサービスする洋風の飲食店を特殊飲食店とす」[29]――とし、特に東京市（当時）の場合、その他の業種もふくめ「特殊飲食店」と名称を一括したのである。

昭和八（一九三三）年二月、「もみにもんだ警視庁当局のカフエー、酒場取締規則は喫茶店、おでん屋、小料理店等一切をふくみ『特殊飲食店営業取締規則』といふ厳めしい名称」で施行された[30]。この条例の施行によって、「これまで表向き客席に侍つてサービスすることが出来なかつたおでん屋、小料理店の女や酒と名のつくものを売れなかつた喫茶店も今後は大威張りでサービスも出来、酒も置けるやうになつた」というように、規則の制定がかえって業態間の壁を取り払う結果となった。

主要な取り締まり事項を要約すると、以下のようになる。まず、教育施設から三〇〇メートル以上の距離をおくこと（従来は一〇〇メートル以上）、住宅地ならびに神社仏閣・病院付近では営業できないなどの、花街の許可条件と類する立地の規制。これは、カフエーを住宅街から空間的に排除し、盛り場に囲い込むという方針を裏づけるものとなっている。さらに、スペシャル・ルームと称される個室の撤廃、フロアの見通しをよくするためにボックスの間仕切りを低くし、電灯の照度をあげることなども定められた。いうまでもなく、これらは客と女給との淫らな接触を断つ方策である。

「特殊飲食店営業取締規則」の制定において注目されるのは、これら実効性の高い諸規制よりも、「カフエー・酒場」といった名称を、「女給」という呼び方もろとも消し去ったことにあるのだが、ここでは触れない[31]。いずれにせよ、一連のカフエー取り締まり策が、戦後の「風俗営業取締（規則）」を準備したことは明らかであり、またカフエーの業態は、後の風俗営業のプロトタイプとなったのだった[32]。

（2）九鬼周造のカフエー論

カフエー問題は、古都たる京都でも例外ではなかった。『「いき」の構造』で知られる哲学者の九鬼周造は、「住み慣れた…〔略〕…京都に起こる問題は、事の大小に拘わらず私の関心の対象とならないものはない」としたうえで、「目下、京都ではカフエーの存在が、風紀上の考察点すら一つの問題となっている」ことにふれる。そして、「この問題は外見上極めて小さい問題ではあるが、私はそれに対して決して無関心ではあり得ない」と言いきり、独自のカフエー論を展開するのだった[33]。時あたかも大阪で取り締まりが実施される、昭和四（一九二九）年のことである。

彼は、まず「河原町通を三条あたりから五条あたりまで歩いてみただけでも、この事が問題となるのが必ずしも無理とは考えられない」と指摘する。つまり、大正末年〜昭和初年に拡幅されたばかりの河原町通の表通りに進出したカフエーは、それだけ目立つ存在となっていたわけだ。

実際、昭和七年のガイドブックでは、「河原町通り《ママ》レストラン街はネオンサインや、ジヤズの音響絶間なく思ひ〳〵に新装を凝らして居る」とか、「近代京都の商店は異状の進歩を示す中に河原町通り《ママ》カフエー街発達は特に長足を語れり」と紹介されるほどであった[34]。

これと同時期の調査によると、市内カフエーの立地は、東大路通（一三軒）、河原町通（一〇九軒）、寺町通（一〇軒）、烏丸通（一二軒）、千本通（五三軒）、大宮通（三五軒）、七条通（一九軒）、四条通（三三軒）、丸太町通（四八軒）、今出川通（一二軒）となっている。河原町通の突出ぶりは、一目瞭然である。拡幅工事と市電の敷設が影響を及ぼしていたことはまちがいあるまい。「従来は散在して設置せられたるが最近は交通至便の幹線街路に面したる表街に集団現出するの傾向」にあり、「又遊廓地域にも設置せらるゝの傾向」もあったという。交通繁華な幹線道路と花街に立地展開していたわけだ。

ただし、「多額の費用を要する表街に設置困難なるものありて漸次裏街に移転する趨勢」にあったともいい[35]、この立地傾向は戦後になるとよりいっそう顕著になっていく（第4章を参照）。

ちなみに、店舗の外観・内観は以下のとおりである。

大通りに面したる場所には稀に洋風の建築物あるも、其の他は内部のみ椅子、卓子を置き且装飾等を施し洋風に紛はしき観を呈するも〔、〕建築物は日本式のものなり。客席はボックス式にして仕切を為すものなし〔。〕照明は多く色□燈を用ひ〔、〕音楽は大□分蓄音器を使用し、舞踏は絶対に禁止す。

「日本式」ということは、町家をそのまま転用してボックスを設え、蓄音器を導入してカフエー空間を演出していたのだろう。洋風のファサードでも、背後は町家建築のまま、という飲食店はいまでも少なくない。

さて、九鬼はそうした営業ぶりを横目に見つつ、また彼自身も千本丸太町界隈のカフエーに出没し、「女給さんの注文に応じて、『ぼく、クッキー』と駄洒落ていた」とも語られるように(36)、時には彼自身が女給の接客を受けながら、京都のカフエー問題に思いをめぐらしていた。

カフエーはその名の示す如く飲食店の一種である。しかし、そこには飲食物の給仕の役をする女給が居る。客は飲食を目的としてカフエーへ行くべきはずが、むしろ女給を目的として行くようになって来る。女給もまた飲食物の給仕よりもむしろ客に媚を呈することを主要の目的とする傾向を生ずる。客と女給との双方の心理状態に目的変生の原理が行われて来るのである。このような事情からカフエーの女給は異性的特殊存在様相として今や社会的に顕著な確的な意味に化しつつある。…〔略〕…カフエーが風紀上の問題となり得る可能性はこの原理適用の現実性または蓋然性と函数的関係に立っている。[37]

さらに、この「異性的特殊存在様相」を「家庭女性の覚醒に刺戟と動機とを与える意味において…〔略〕…積極的存在理由を持ち得る」ような「社会の施設」であると論じるあたり、いささか男性中心主義的な言い方ではあるのだが、芸妓とともに「異性的特種階級」として存在するのが女給である、というのが彼の主張の核心にあった。

カフエーと女給とが「衛生風紀上に与うる弊害少なからず」と問題視される現状に対しては、「茶屋、待合にとっても同様に妥当でなくてはならぬ」こと、そして「芸者に関しては何らの問題が存するとも考えずして、単にカフエーの女給のみを圧迫しようとするのは問題の洞察を欠き、解決の公平性を失している」と喝破する。[38]

そのうえで「濫設防止」、「営業時間の制限」、アルコール度数の高い酒類の禁止などの必要性を認めつつ、それが「カフエー改善」ではなく、「カフエー討伐」を意図するものであってはならない、というのが彼の立場であった。これは特定の「社会施設」の排除に対する異議申し立てであり、「各都市は各自の有《も》つ可能性をその特色ある具体性において実現するところに大なる寄与を文化に対してなすことが出来る」[39]という彼の考え方からすれば、芸妓との併存から生まれる意義を強調することは、むしろ当然の主張であったと言えるのかもしれない。

批判はさらにつづく。

カフエーは茶屋、待合に比して、浪費する時間上、及び費用上、客にとって遥かに経済的である可能性に応ずる点において確かに民衆性を備えている。…〔略〕…また芸者の因襲的な無智、愚昧に比して女給の中には遥かに高い智識と聰明とを有った者が多い。この意味において女給の方が近代性を具備している。民衆的、且つ近代的であるという点が、カフエーが茶屋、待合に対して有する著大な、有力な合理的優越性である。それ故、カフエーの厳重な取り締まりということは、カフエー討伐を意味する無意味な干渉や圧迫に堕してはならぬ。松原署が女給の洋装、断髪、羅衣などを禁じたのは啻に無意味なのみならずむしろ滑稽な干渉たるを免れぬ。(40)

そして九鬼は、「茶屋、待合に対するよりも多くの圧迫をカフエーに加えることは民衆性と近代性とを無視する点において明らかに大なる時代錯誤である」と結論づける。

こうした語りは、萩原朔太郎の主張を思い出させないこともない。朔太郎は「現代の青年が、なぜに芸妓を嫌つて、カフエーの女給に走るか？」と問いつつ、次のように主張してみせた。

今後の芸妓は、よろしく洋装すべきである。何よりも先づ、あの三味線といふ楽器を廃し、代りにピアノやマンドリンを弾くやうになることだ。茶屋の形式も、恐らく未来に於いては西洋館になるだらう。社会全体が洋風に化しつゝある時代に於いて、芸妓遊びだけが古風な形式を保持しつゝあるのは、それだけでも今日の花柳界が事実上に廃滅してゐることを語つてゐる。[41]

さすがに九鬼はここまでラディカルではなかったものの、京都のカフエー問題という地理的コンテクストにも配慮することを忘れはしなかった。「国粋保存という見地から、殊に京都では芸者、舞妓を保護して、カフエーの女給を圧迫しようという見解があるかも知れぬ」が、「カフエーの存在には茶屋、待合の存在以外の意味」、あるいは「国粋保存」という観点からだけでは「圧迫しきれない合目的性がある」のだ、と。[42]

残念ながら、合目的性の具体が掘り下げて説明されることはなかったが、当時の知識人の見たカフエー問題は、現在の風俗営業とその周辺を考えるうえでも、興味ぶかい視点をあたえてくれる。

4　昭和京都の飲み歩き

（1）「腰掛料理」の流行

昭和十（一九三五）年に創刊された京都のグルメ雑誌『洛味』は、当時の酒場事情を知るうえで格好の資料となる。創刊されてから一、二年のあいだの記事で目につくのは、「腰掛料理」という言葉だ。たとえば、「最近著しく殖えてゆく腰掛料理屋」を紹介する記事では、「最近、おでん屋といふか、小鉢やといふか、こんな店が大分発達してゐるやうだ…〔略〕…私はその安直な腰掛党である」というように、(43)おでんや小鉢物を扱う手軽な料理屋――居酒屋といってよいだろう――の増加していたことがわかる。

自由に注文ができて、値段も手ごろ、酒も比較的によいものを飲ます、落ちついた雰囲気のある腰掛式の小料理屋。女給をおいて蓄音機を備えたカフエーが大衆化し問題化するなかで、現在の居酒屋につらなるような酒場（腰掛料理屋）も確実に増加していた。

…〔略〕…バーやカフエーのやうな、たゞ喧しいだけで碌な酒を飲ませぬ場所は何の興味もない。従つて多くの場合、い、酒を出す一品料理や小料理屋のやうなところへ出掛けることになる。[44]

これは洋画家の牧野虎雄が、四十代なかばに述べた言葉である。ホステスさんがいて、カラオケの備え付けられたスナックよりも、カウンターだけしかない酒場を好むわたしのような心性は、いまにはじまったことではないわけだ。

『洛味』誌上では「料亭是々非々」なる議論もおこなわれており、料理茶屋に由来する「料亭」に対してさまざまな批判が噴出していたのとは対照的に、腰掛料理屋が賞賛されているところをみると、旧来の料理屋は脱酒場化しつつ、ある種の風俗営業のようなカフエーでもない「腰掛料理」たる酒場への需要が高まりをみせていたことは明らかだ。

腰掛料理屋の成立に関しては、おもしろい説明がある。

街に散見する今の腰掛屋なるものは、概ね結局おでん屋の進化したのと、料理屋が対策上、品を落したのとが歩みよつて、一ツの別派を独創したものと判断を下してよかろうかと思はれる。[45]

補足するならば、かたや由緒のある料理屋までもが、惜しげもなく座敷を土間に落としてイスとテーブルをおくことで、他方、屋台のおでん屋が狭小な常設店舗となることで、腰掛料理屋が成立したというわけだ――「流行の力は大きい、そば屋も寿し屋も天ぷら屋も……〔略〕…腰掛式に改められてゆく」[46]。

たとえば、南座の前で明治四十三（一九一〇）年に創業したという「にびき」は、昭和九（一九三四）年に大改修して、二階を三十人規模の宴会のできる座敷にした一方、

…〔略〕…階下は、腰掛式で食卓も節なしの一枚板、酒は白雪、お作り小鉢もの川魚一切季節料理といった具合で、上戸党の下物は豊富だ。天ぷらもあげてくれる、寿しも握ってくれる、釜めし土瓶むしもうまい…〔略〕…[47]

というように、時代の潮流にあわせて腰掛式の空間も設えていた。ちなみに、上戸（じょうご）は酒好きを、下物（かぶつ）は酒の肴を意味する。

そして、これも腰掛料理屋と呼ぶべきなのだろうか……。やはり二階は宴会も可能な座敷であったが、一階の空間「構成に特徴」のあるという店内をのぞいてみよう。

表から入ると周囲をたゝきの通りにした真ん中に広間が一つある。その広間のぐるりにテーブルが並んでゐて、客は内側に向つて外側からテーブルにつく〔。〕テーブルの内側が仲居さんのサービスに自由に使はれるのだ。だから一堂に会した客同志凡そ四十人位は

一目で額が判る。[48]

ヴァリエーションは多々あれど、京都の酒場史にその名を残す「伏見」（三条京阪）に代表されるU字型カウンターを思い起こさせる造作である。京都のU字型カウンターはいつからはじまったのか気になるところだが、これは最初期の形態かもしれない。

腰掛料理屋は、気軽に「一寸一杯」という店ばかりではなかった。高級な板前割烹の店もふくまれたからだ。たとえば「客の前で這ひ廻つてゐる海老を組上に調理し、菰樽から燗徳利に酒を移す――この意味に於て腰掛料理の存在価値がある」といって紹介されるのは、どちらも割烹の名店として知られる祇園の「濱《ママ》作」と西木屋町の「たん熊」であった。[49]

昭和初年創業の浜作は、「京都で高級な板前料理をはじめた…（略）…草分け」であり、昭和四（一九二九）年創業の「たん熊」は、当時著名な料理屋であった「たん栄」（西洞院錦）や「ちもと」（西石垣）で腕を磨いた初代が、浜作にならって「よしオレも店を持ってやろう」といってはじめたという。[50]

このように高級な部類に属する腰掛の料理屋もなかにはあったが、多くは「はしご」にも適した「一寸一杯」式の酒場であった。

（2）酔歩者の足どりと語り——その1

では、当時の酒好きはどのように飲み歩いていたのだろうか。『洛味』に連載された「のみある記」という連載記事から、彼らの足どりをたどってみたい。(51)

正宗ホールを好きだったという先輩に連れられて、紫野童子なる人物は正宗ホールをたびたび訪れていた。酔った学生たちが傍若無人にさわぐ夜とはうってかわり、昼間の店内は客もまばらでうす暗いながらも、静かに一杯やるにはうってつけであった。彼はそんな「昼の正宗が好きだつた」。当時の正宗ホールは、昼呑みもできたことになる。

正宗ホールを出ると、先輩は童子をともなってサンボアへと向かう。老舗のバーとして知られる京都サンボアは、当時、河原町蛸薬師（東）に立地していた。ウイスキーやブランデーベースのカクテルを二、三杯ひっかけてから、二人は新京極の寄席「富貴席」で落語をたのしみ、そこがはねると今度は（おそらく寺町四条の）菊水で黒ビールの満を引くのだった。

この先輩の竹馬の友が、このあとの「酔歩者の足どりと語り——その2」に登場する宮下呑天楼である。先輩の引き合わせで出会った童子と呑天楼は、「兎に角毎晩のやうに共同経済の下に陋巷《ろうこう》を方々に」飲み歩き、一夜で五、六軒まわることもままあった。

知り合ったころに二人が「根城」としたのは、祇園町北側の「北郎」であった。お銚子を五、六本あけてから河岸をかえると、そこがカフエーであってもおでん屋であっても、店には必ず

「北郎党」が居合わせ、再び連れ立って北郎に引き返し、その日の終幕を迎える――「この鉢合わせは思ふに北郎ファン同志で、カフェは彼処が面白い、おでん屋は向ふが旨いものを食はすと評判の一致した店へ同じ様に行く結果」だというわけだ。なるほど、たしかにわたしも、いきつけの飲み屋の店員さんに聞く他店の情報をもとに、あるいは顔なじみの常連さんから教えてもらった店に行くことはよくある。

当初、北郎の客筋は「くだけた物識《ものしり》や画家、稀には大学の先生など文人墨客の類ひが多かった」というのだが、いつしか「学生の発見するところとなり」、「官私立の角帽が客中の過半、就中、帝大が優勢」となって(52)、それまでの常連たちはとんと顔をみせなくなってしまった。

元学生たちは、現役の学生に若かりしころのわが身をすかしみて敬遠するのだろうか。

(3) 酔歩者の足どりと語り――その2

皆さんおでんやののれんをくゞつて下さい、小料理屋の扉を排して、そして大衆の声をきいて下さい、その話題こそ、その内容こそ、世相を語る有意義なものばかりでありますぞ。

童子とも交友した呑天楼なる筆名の呑み助は、雪の降る夜、やはり正宗ホールで蛤の鍋をつつきながら一杯やった学生時代を回顧する。執筆当時の呑天楼は、正宗ホールと同じ並びにある「芝居茶屋」を行きつけの店としていた。向かいの酒場「静」にもふれているが、彼自身が敷居をまたぐことはほとんどなかったようだ。

「芝居茶屋」を振り出しに、《裏寺町》から四条河原町の交差点を抜け、高瀬川に沿って西木屋町をさがる。めざすは「呑助茶屋」だ。筆名にもあらわれているように、彼は店の名をいたく気に入っていたのである。店名とは裏腹に、呑み助が立ち寄ることはあまりなく、もっぱら女将さんが「腕をふるつて揚げる天ぷら」を嗜好する者たちばかりがやってきた。天婦羅の専門店ではなく、気軽に食べることのできる「素人天ぷら」が好まれていたのである。

すこし千鳥足の呑天楼は四条大橋をわたり、南座の手前を疎水に沿ってさがり、「一平茶屋」の暖簾をくぐる。「うまい料理で酒をのんでも、つんけんした店ではのむ気がしない」――たしかに。ここ一平茶屋は「気分のよい」店なのであった。現在も「かぶら蒸し」をメインとした料理屋となって営業をつづけている。

呑天楼が最後に行き着く店は、「団栗川端東二筋目下る」の「吉富」である。この所在地の記述はややわかりにくいけれども、おそらく川端通（「京都市明細図」では「宮川通」となっている）の団栗橋のたもとから東へ二筋目、新道通をさがったところに位置していたと考えられる。花街である《宮川町》とは背中合わせの店だったわけだ。紫に着色された区画ばかりの《宮川町》とは対照的に、新道通にはたしかに「料理」と書き込みのある赤色区画がみられる。

吉富の「にぎり」は、「いくら食つても腹におさまるうまさ」というから、寿司屋だったのだろう。「この店はおそくから美しい姐さんづれが多くて、一現はとても座ることの出来ない程の繁昌」ぶりであった。花街に近接する場所柄である。

（4）酔歩者の足どりと語り——その3

最後は宮部酔櫻のはしご酒につきあってお相伴に与ろう。「腰掛式の酒肆をめぐる」といって彼が最初に選んだのは、江戸時代からつづく蕎麦屋の老舗「河道屋」（麩屋町姉小路下ル）である。わたしも東京に出かけた際などは、なにを措いても蕎麦屋酒をたのしむクチではあるのだが、なぜ最初に選んだのが蕎麦屋なのかといぶかしむ向きもあるかもしれない。どうやら「のみある記」取材の当日が大晦日だったらしく、彼は「最近横町に『晦庵』の看板を掲げ」た新店を選んだのである。

現在も「晦庵 河道屋」の名代となっている「芳香爐」について、酔櫻は「こは去る人の満州より齎せし火鍋より材を得しもの、お手前もの、蕎麦、饂飩に引上湯葉、糝薯、生椎茸の調和もよく、家鶏の上肉もおいしく食べられた」と記す。彼の食した「芳香爐」（芳香炉）はいまもそのままに、晦庵でいただくことができます。

鍋物にそばやうどんまでつき、いささか満腹になったという酔櫻ではあるが、三条通までさがって出たのであろう、「酔顔を師走の空っ風に吹かせながら今度は電車道（＝河原町通）を南へ、割烹『銀茶寮』に飛び込んだ」。

「銀茶寮」の位置する河原町四条上ル一筋目東側の米屋町は、当時、「めき〳〵と暖簾の数」

を増やしていた路地で、なかでも「草分け」の同店は数寄屋風の小座敷にくわえ、時流にのるかたちで新たに「腰掛式」のスペースも設けていた。当時は、「風流おでん」のほかに「大阪式の一品料理」、そして「桶寿司」が名物であった。

心地よく酔いもまわってきたのか、がぜん酔櫻のフットワークは軽くなる。腰をあげて向かった先は、一筋南の横町にある「濱喜久」だ（現在とは位置が異なる）。濱作で腕を磨いたというあるじは、「即席料理」も軽妙、「一品料理は何でも御座れ」、「馬関料理」（フグ）にちり鍋も出していた。後客萬来に一、二品だけで気分よくここを切り上げ、今度は同じ横町の「しる幸」に河岸をかえる。

「高瀬河畔のチツポケな家」で集客に成功した「しる幸」は、この年（昭和十三年）の秋、攘夷派の志士であった古高俊太郎の旧邸に移り、いまふうに言えば家屋を店舗（「腰掛式の風雅な茶味ある構へ」）にリノベーションして、以前にもまして客を集めた。その名のごとく、汁が評判の店であるが、酔櫻は「かやく飯」だけであっさりと済ませて、さらに南へと歩をすすめる。

「西木屋町の細通りを抜け、高瀬川沿ひに南へ辿ると、団栗橋の手前に関西料理の『喜文』がある」——位置から判断すると、「呑助茶屋」の近傍であろうか。「七、八年前の創業」というから、昭和五年前後の開店ということになる。ここの自慢は「揚喰ひ天婦羅」で、客の顔をみて食材を選び調理する揚げたての天ぷらは格別だと酔櫻は評する。

おそらくこの店も、天ぷら一、二品だけで席を立ったにちがいない。

こゝからツーと北へ入ると所謂西石垣の割烹街で、千茂登、神田川、鳥岩などの大物どころ、其の中に此頃出来たのが割烹「銀水」〔◦〕こゝは東京式に京風を交へた銀水独特の料理で一現客を迎へてゐるが、板前は東京で鍛へたもの、調理の色どりは流石にと頷かされた。加茂川を見渡す二階の小座敷は、夜更けて千鳥を聴くにもつてこいの処、私は仲居を相手に関東関西の味の甲乙をトして暫らく興じあつた。

さて、ここまで来ると、彼が本当に腰掛けで呑んだのかさだかでないのだが、歩みはとまらない。

団栗橋を東へ渡つて川端を北へ進むと、こゝは片側町で小料理屋がズツと並んでゐる。「一平」「つぼみ」と数へると七つ八つはあるであろう。こゝに又、珍味粋料理を標榜して風騒雅懐の好みに応ずる「吉幸」あり。

「京都市明細図」をみると、南座に近い北側の宮川筋一丁目にはお茶屋が建ちならんでいるが――紫区画の「廓」は「廓」の誤り――、団栗橋に近い南半部の片側町には赤色に着色された区画が分布していて、「料理」という書き込みもみられる。呑天楼の立ち寄った「一平茶屋」とともに、「吉幸」もこのならびにあったはずだ。《祇園新地甲部》や《宮川町》の花街、そして京阪電鉄の四条駅にもちかいことから、「姐さん連れの風流客が多く見受けられ、大阪よりはる〲此処に足をのばす酒客」もいた。

店主の趣向をこらした「おこぜのちりさし」と「うづらの朧蒸」で菊正宗を飲み、「スッカリ酔つてしまつた」という酔櫻のはしご酒は、ここに終わる。

それにしても、よく呑み、よく食べる人物である。

(5) はしご酒の地理

ここまで、愛飲家たちの足どりをたどり、彼らの語りに耳をかたむけてきた。当然、酒呑みの行動地理は酒場の空間的な立地展開を条件としている。わずか三例をもってパターン化することなど到底できはしないが、それでも昭和京都における（男性に特化した）夜の行動地理を想像するよすがにはなるだろう。

《裏寺町》を振り出しに、河原町通の東へ、まさに河岸をかえる。河原町通と高瀬川とにはさまれた西木屋町界隈には、腰掛料理屋と呼ばれる酒場が雨後の筍のごとくに叢生していた。現在でもその名の知られる名店が、街を漂流する呑兵衛たちのアンカー・ポイントとなっていたのである。

高瀬川をくだるようにして四条通をこえたところにあるしもの西木屋町にも、腰掛料理屋が登場する。時代は異なるが「京都市明細図」をみると、「すき焼き」「すし」「天ぷら」「料理」

「バー」など、赤色区画の集積していることがわかる。往時をしのばせる店も残っていそうだから、わたしも「はしご」してみたいものだ。

少し気になるのは、鴨東への道行きに団栗橋が利用されていたことである（酔櫻は四条大橋）。かつて四条大橋のかみにあった竹村家橋、そしてしもにあたる団栗橋は廓人の利用した橋であると思われる。戦後、街娼のあつまる場になったことをかえりみても、団栗橋の空間的機能と意味についてはあらためて考えてみる必要があるのかもしれない。

団栗橋をわたれば、鴨東花街への空間的なとばりである。もとは《祇園新地甲部》に属した宮川筋一丁目と《宮川町》にほどちかく、鴨川というよりも琵琶湖疏水に面した片側町の腰掛料理屋。廓の外縁に位置するだけに、時間もおそくなれば客層もまた婀娜な姐さん連れの粋筋ばかりとなった。はしご酒の酔っ払いがしめの場として選ぶのは、いささか無粋であったろうか。

彼らの足どりは、近代京都の歴史に埋もれ隠れた都市地理の断片を雄弁に物語ってくれる。

付記　酒場の酒

ここまで、あえて酒の銘柄にはふれてこなかったけれども、「普通腰掛料理では通り一遍のやうに一種類の酒を用意する処」が多かったというように、[53] 銀茶寮は「松竹梅」、濱喜久は「櫻正宗」、しる幸は「白雪」、吉幸は「菊正宗」、芝居茶屋は「大関」、そして正宗ホールは「櫻正宗・菊正宗」と、いずれの店も種類をしぼったこだわりの日本酒を供していた。

伏見の松竹梅をのぞけば、いずれも兵庫県の酒ばかりであり、しかも伊丹の「白雪」以外はすべて灘の酒である。京都市では平成二十五（二〇一三）年に「乾杯条例」と通称される「京都市清酒の普及の促進に関する条例」が制定されたのだが、酒場が大衆化した大正・昭和初期の京都にあっては、どうやら灘の酒が好まれていたようだ。

注

（1）山本修二「三高生の酒場」（大浦八郎編『三高八十年回顧』関書院、一九五〇年、二三九-二四三頁）、二四二-二四三頁。
（2）織田作之助「青春の逆説」（『織田作之助全集 2』講談社、一九七〇年、七-一五九頁）、四四頁。
（3）青山光二「京都・文学的回想」（『懐かしき無頼派』おうふう、一九九七年、一三四-一四〇頁）、一三六頁。「私たち三人」とは、織田作に青山自身、そして織田作と同級の白崎礼三である。
（4）末川博「糺ノ森の下へ引越し、食堂」（『末川博随想全集 第九巻 思い出の人と私のあゆみ』栗田出版会、一九七二年、四一〇-四一二頁）、四一〇-四一一頁。
（5）上村行世『戦前学生の食生活事情』三省堂選書、一九九二年。
（6）前掲、青山光二「京都・文学的回想」、一三七頁。
（7）前掲、山本修二「三高生の酒場」、二四〇頁。
（8）臼井喜之介『京都味覚散歩』白川書院、一九六二年、三四八頁。
（9）河合喜重『京都料飲十年史』京都料飲新聞社、一九七〇年、二〇九頁。

(10) 立命館大学法学会編「前芝確三教授年譜」(『立命館法学』第四十四号、一九六二年、二〇四-二〇五頁)。
(11) 前芝確三「春宵よもやま話 一世代前の京都をしのびつつ」(『洛味』第六十六集、一九五六年、二一-二四頁)、二四頁。
(12) 白波瀬延秋「少年時代の想い出」(『洛味』第五十四集、一九五九年、一三三-一三七頁)。
(13) なお、青山光二によると、「コマドリ」では毎週金曜日に「黒ビールを出すことになっていて……ジョッキ一杯五十銭だった」といい(前掲、「京都・文学的回想」、一三六-一三七頁)、また白波瀬も茶寮については「学士様には舶来の洋酒なども備えてあつたように思ひます」といっているので、喫茶店でも飲酒することはできたようだ。
(14) 前掲、青山光二「京都・文学的回想」、一三七頁。
(15) 末川博「それぞれの個性に生きる」(『末川博随想全集 第九巻 思い出の人と私のあゆみ』栗田出版会、一九七二年、四二九-四三二頁)、四二九頁。
(16) 山本修二「のみある記 第十三章」(『洛味』第二十五号、一九四〇年、七三-七五頁)、七四頁。八新亭は河原町三条下ル、樹之枝は東山安井北門通角に立地する、どちらも著名な料理屋であった。
(17) 前掲、末川博「それぞれの個性に生きる」、四三〇頁。
(18) 前掲、山本修二「三高生の酒場」、二四〇頁。
(19) 前掲、山本修二「のみある記 第十三章」、七三、七四頁。
(20) 前掲、山本修二「三高生の酒場」、二四〇頁。
(21) 前掲、山本修二「のみある記 第十三章」、七四頁。前掲、山本修二「三高生の酒場」、二四一頁。

『京都商工人名録（大正十三年版）』（京都商工人名録発行所、一九二四年）には、裏寺町四条上として「お玉バー」（小林宇之助）があるので、これが山本のいう「小林亭」にあたるものと考えられる。

(22) 前掲、山本修二「のみある記 第十三章」、七三頁。
(23) 矢野峰人「カフェー菊水」（『洛味』第五十七集、一九五六年、三六—三八頁）、三六頁。
(24) 前掲、山本修二「三高生の酒場」、二四一頁。
(25) 前掲、山本修二「三高生の酒場」、二四二頁。
(26) 前掲、山本修二「三高生の酒場」、二四二頁。
(27) 松山巖『乱歩と東京 1920都市の貌』ちくま学芸文庫、一九九四年。ただし、喫茶店／カフエーという単純な分類だけではとらえきれない業態のヴァリエーションがあることについては、このあとの章でも確認することになる。
(28) 『大阪朝日新聞』昭和四年十月十一日。
(29) 『東京朝日新聞』昭和七年六月二十三日。
(30) 『東京朝日新聞』昭和八年一月十九日夕刊。
(31) 加藤政洋『敗戦と赤線 国策売春の時代』光文社新書、二〇〇九年。
(32) 福富太郎『昭和キャバレー秘史』文春文庫PLUS、二〇〇四年。石井妙子『おそめ 伝説の銀座マダム』新潮文庫、二〇〇九年。石井は同書のなかで、「カフェはあらゆる飲食店や水商売の源であった」と述べたうえで、「時代を経るに従い、カフェそのものは姿を消し、そこからレストラン、キャバレー、喫茶店、と細かく枝分かれしたが、その枝のひとつとして、女主人の魅力を売りとするバーも誕生したのだった」と指摘している（二〇二頁）。

(33) 九鬼周造「カフエーとダンス」（大橋良介編『京都哲学撰書第30巻 九鬼周造「エッセイ・文学概論」』燈影社、二〇〇三年、二一一-二一七頁）、二一一頁。

(34) 関西名勝史跡調査会編『大京都市観光案内』関西名勝史跡調査会、一九三二年、付録「大京都名物・名産著名商店紹介沿革誌」。

(35) 内務省警保局「『カフェー』に関する調」（一九二九年）、国立公文書館アジア歴史資料センター（レファレンスコード：A05020149300）。前後の引用もこの資料による。

(36) 鷲田清一『京都の平熱』講談社学術文庫、二〇一三年、二一三頁。

(37) 前掲、九鬼周造「カフエーとダンス」、二一一頁。

(38) 前掲、九鬼周造「カフエーとダンス」、二一四頁。

(39) 九鬼周造「京都」（前掲、『京都哲学撰書第30巻』、三二一-三三三頁）、三三一頁。

(40) 前掲、九鬼周造「カフエーとダンス」、二一四頁。

(41) 萩原朔太郎「新芸妓論」（三宅弧軒『藝妓読本』全国同盟料理新聞社、一九三五年、一〇一-一一一頁）、一〇九-一一〇頁。

(42) 前掲、九鬼周造「カフエーとダンス」、二一五頁。

(43) 「料亭是々非々」（『洛味』第一巻第五号、一九三六年、九六-一〇二頁）、一〇〇、一〇一頁。

(44) 牧野虎雄「酒」（『洛味』第二巻第二号、一九三六年、二二一-二二三頁）、二二三頁。

(45) 木念人「酔筆の悪戯」（『洛味』第二巻第三号、一九三六年、四八-五五頁）、四八-四九頁。

(46) 山川美久味「味と気分を訪ねて」（『洛味』創刊号、一九三五年、四一-四七頁）、四一頁。

(47) 前掲、山川美久味「味と気分を訪ねて」、四一頁。
(48) 山川美久味「味と気分を訪ねて（二）」（『洛味』第一巻第二号、一九三五年、七六-七七頁）、七六頁。
(49) 佐伯禎二「腰掛料理の粋」（『洛味』創刊号、一九三五年、七-九頁）。
(50) 臼井喜之介『京都味覚散歩』白川書院、一九六二年、四一、一〇六頁。
(51) その1 紫野童子「のみある記 第十一章 ――青春回顧録――」（『洛味』第五巻第二号、一九三九年、六〇-六四頁）。その2 宮下呑天楼「のみある記 第四章――附 独酌独語――」（『洛味』第三巻第六号、一九三七年、八〇-八三頁）。その3 宮部酔櫻「のみある記 第六章」（『洛味』第四巻第一号、一九三八年、八二-八五頁）。
(52) 前掲、木念人「酔筆の悪戯」、五〇頁。
(53) 前掲、山川美久味「味と気分を訪ねて（二）」、七六頁。

第3章　洋食酒場と花街

1　三高生と女給

(1) 散歩道

『檸檬』や『ある心の風景』など、京都を舞台にした小説をものしたことで知られる梶井基次郎と青春時代をともにした小説家の中谷孝雄は、そろって大正八(一九一九)年に第三高等学校へ入学している。中谷の評伝『梶井基次郎』を読むと、当時の三高生(の一部であろうが)の遊歩をともなう飲食や歓楽の実態が赤裸々に語られていて、じつに興味ぶかい。

たとえば、酔っぱらった梶井が、

「おれに童貞を捨てさせろ!」

と、祇園石段下の市電通り——八坂神社西楼門に面した東大路通——で大の字に寝転がってどなり立てたために、中谷らは彼をひっぱり起こして近傍の遊廓へ連れていった、などというエピソードまで紹介されている。(1) 位置からすると、《祇園新地乙部》であろうか。

学年があがって、のちに妻となる女性(信州出身で「新しき村」に入る平林英子)と熱愛中の中谷であったが、週に一、二回は梶井と「夜の散歩」にでかけていた。彼らの足どりをたどってみよう。

三高のある「吉田の学生町」から丸太町通に出て西へとすすみ、寺町通を南下する。寺町通には骨董屋や古本屋があり、二人は質入れに近いようなかたちで利用することもあった。手持ちの小金ができると、寺町二条の老舗菓子店「鎰屋」に立ち寄る。第2章でみたように、二階が茶寮（喫茶店）になっていたのである。

「そこにはお朝さんといふ美人の女給さんがゐて、私たち三高生の間ではモルゲン（ドイツ語の朝）と呼ばれて大そうな評判であった[2]」。たしかに、前出の白波瀬延秋も、少年時代を回想して「そのころのプリマドンナは『モルゲンお朝さん』で、小供の目にもきりリッとした丸顔の美人でした[3]」、と振り返る。

散歩に出ると、きまって鎰屋に憩う二人であったが、どちらもモルゲンに好意をよせていたわけではない。左党の梶井が甘味を口にすることはめったにないものの、「邯鄲（かんたん）」という「坊主枕のやうな形をした餅菓子」だけは好んだという。

鎰屋を出て寺町通をさがり、三条通を少し東へ折れると、そこは京都一番の繁華街《新京極》だ。劇場や寄席、映画館の建ち並ぶ盛り場であるが、梶井と中谷が映画をみることはなく、《新京極》を「素通り」して四条通へ出る、というのが二人の遊歩スタイルであった。

そして金さへあれば菊水とか東洋亭とかいふレストラン（カフエといふべきか）へ立寄つて、梶井は酒を飲み、私はまたしてもコーヒーや紅茶を飲むのであつた。(4)

ここでまたひと時を過ごして店を出ると、円山公園へと向かい、そこから北上して岡崎公園を抜け吉田の学生街へと戻る——これが当時の三高生の散歩道である。

(2) 女給への恋

意外にも高濱虚子の『風流懺法』に夢中であったという梶井基次郎は、虚子の作品世界（＝祇園花街）に登場するような芸妓（実際は舞妓か？）を座敷に侍らせ、酒もほとんど飲まずに妓たちのおしゃべりをおもしろがって聞いていたという——学生になじみのお茶屋など本当にあったのだろうか？

この点についても、白波瀬延秋が興味ぶかい証言をしている——「当時の文化人は、三高、大学関係が多く、プライドも高く天下の権威を一身に支えている風の若い人達、従つて祇園町あたりも将来の立身出世を見込んで、乏しいポケットマネーを余り枯渇させないように、あんじよう遊ばせたといふ」のである。(5) 多少のそろばん勘定ははたらいていたにせよ、じつに鷹揚な時代であった。

梶井には、お座敷で接する玄人の女性をのぞけば、「これといふ女友達もなかつた」らしい。

しかし中谷は、「強ひていへば」とことわりを入れつつ、梶井が「『江戸カフエ』のお初」、そして「『東洋亭』の芳枝」という女性に熱をあげていたのではないかと振り返る(6)。先ほど引用したように、レストランに疑問形で「カフエ」と注記しているところをみると、東洋亭も女給をおいてカフエーのような営業形態をとっていたのだろう。梶井が好意をよせたのは、いずれも女給であったことになる。

三高生と女給の恋愛と聞けば、織田作之助と宮田一枝がすぐに思い浮かぶ。三高からほど近い東大路・一条西入ルのカフエー「ハイデルベルク」で住み込みの女給として働いていた一枝にひと目惚れした織田作は、二週間通いつめて彼女を口説き落とす。あげくに、店舗二階の部屋に梯子をかけて夜逃げまでさせ、同棲するにいたったのだった。これは織田作とともに三高生活を送り、彼が亡くなるまで交際をつづけた青山光二の著作にたびたび登場するエピソードだ(7)。

織田作は三高の学生であったのだから、あるいはその他の事由もふくめて、彼女を働きに出さざるを得ない。紆余曲折というか、すったもんだを経てなお「銀閣寺の終点近い線路に沿った際」の下宿で同棲を続けた一枝は、その向かいに立地する「『リッチモンド』という酒場」（おそらくカフエーであろう）の女給となる。その後、下宿を追い立てられた二人は近傍の裏通りにある「屋根裏式の八畳ひと間」へと転居し、彼女の職場もまた四条寺町のカフエー「菊水」に変わったのだった(8)。二人が夫婦になるまでには、あともう少し時間がかかる。

織田作と宮田一枝の恋愛はいささかドラマティックに過ぎるのだが、ここで強調しておきたいのは、中谷孝雄が梶井基次郎の女給への恋を指して「こんなことは誰にもありふれたこと」だと述べたように[9]、当時、三高生の消費行動にカフエーが停留点としてしっかりと組み込まれており、同世代にして――しかもあからさまにジェンダー化された――サーヴィス業に従事する女性（女給）に淡い恋情をいだくこともおおいにありえたであろう、ということだ。

2　四条通のカフエー

(1) カフエーと洋食店

祇園石段下の「レーヴン」というカッフエに、梶井や、中谷や、私達が毎晩のように集つたのは、もう三高の生活も終りに近い頃である[10]。

これは梶井基次郎や中谷孝雄と親交のあった外村繁の自伝的小説『澪標』における回想である。中谷自身も「祇園の石段下にレーヴン（大鴉）といふカフエがあり、そこがみんなの根城になつた」と記す[11]。ここでは三高出身の小説家ばかりをとりあげているので一概には言えないけれども、カフエーが一部の三高生の消費生活ないしナイトライフの停留点になっていたことはまちがいあるまい。

そこで、ここまでに登場した四条通周辺に立地するカフェーを東から順にならべてみよう。

レーヴン　東洋亭　菊水　菊水　江戸カフエ

菊水が二つあるけれども、誤りではない。昭和初年の観光ガイドブック『大京都』（一九二八年）には、これら五つのカフェーがすべて掲載されている。[12] 同書から、店舗名の表記はそのままに、所在地情報もふくめて引用すると、

開陽亭（レーベン）	祇園石段下
東洋亭支店	四条大和大路東入
菊水館本店	四条大橋東詰
菊水館	寺町四条角
江戸カフエー	新京極四条上東

となる。

奇異に思われるかもしれないが、中谷孝雄らが口にすることのなかった「開陽亭」なる店舗

名がある。他方、丸括弧内に注目すると、中谷や外村繁のいう「レーヴン」と「レーベン」のちがいはあるけれども、Raven のカタカナ表記の差異とみてよい。

開陽亭といえば、《先斗町》で営業をつづける洋食店の老舗だ。同店のウェブページ「開陽亭の歴史」によると、「1915年（大正5年《ママ》）、初代　別所常一が祇園右段下に『レストラン開陽亭』を開業し」た。[13] 昭和初期の電話帳をひくと、「開陽亭　別所常一　祇園町北側三〇二」とある。[14] この地番は「京都市明細図」でも確認することができ、まさに「石段下」だ――二階建ての「料理」屋であることがわかる。一階が洋食の「開陽亭」で二階がカフエー「レーヴン」だったのか、あるいはその逆だったのか、店の（営業／空間）形態まではわからないけれども、開陽亭＝レーヴンの可能性は大いにありえるだろう。

(2) 京都カフエーの嚆矢

次いで「東洋亭」である。京都で東洋亭と言えば、現在、北山通で営業する「キャピタル東洋亭」が思い浮かぶ。こちらもウェブページをみると、「キャピタル東洋亭本店は、明治三十年に初代高橋銀次郎が京都で洋食店を開業した」[15] とある。再び先ほどの電話帳をくると、「東洋亭本店　高橋銀次郎　河原町、三条下、西洋料理業」、同じく「東洋亭祇園支店　高橋銀次郎　四条、祇園町　西洋料理喫茶店」と掲載されている。[16]

東洋亭は河原町・三条下ルに創業した老舗の西洋料理屋で、現在の「アサヒビアレストランスーパードライ京都」の地所に立地していた（「京都市明細図」長谷川家版にも記されている）。祇園支店に関しては、一次資料に当たることはできていないのだけれども、創業者である高橋銀次郎の興味ぶかい語りが存在する。

大正元年ごろ大阪道頓堀にカフェー・ブラジル、旗のバーというのができたので、これを見学して今の祇園東洋亭支店のところで「カフェー祇園」を開店し、芸妓が座って居心地のよい奥深いボックスを発明した[17]。

「東洋亭支店」は、洋食店の支店でありながら、その営業形態や室内のデザインをカフェーとして設計していたのである。「赤い灯、青い灯」と謳われた道頓堀、その光源となるカフエーの代表格「旗のバー」（キャバレー・ヅ・パノン）を模範にしたという点も興味ぶかい。

山本修二も、京都におけるカフエーの嚆矢として、東洋亭を振り返っていた。

僕の記憶に誤りがなければ、京都におけるカフエーの始まりは、今もその名を石段下に伝へてゐるギオン・カフエーであつたと思ふ。まだその頃は一階建の薄暗い東洋亭であつたが、当時文学青年であつた我々は、ヴエルレーヌが嗜んだアブサンや、ポウの好みのジン酒や、トルストイがあふつたであらうウオトカなどを此の家で飲ませて貰つて、文学が解つたやうな気持になつた物だ。[18]

「石段下」というと、レーヴンと混同しているようにもみえなくはないが、祇園新地甲部の芸妓であった辻ふくが、「祇園の最初のカフエーは東洋亭どす」と断言しているので[19]、東洋亭支店の「カフエー祇園」が京都において名の知られたカフエーの嚆矢であったことはまちがいなさそうだ。

(3) 菊水の本店と支店

二つある「菊水」についても説明しておこう。

先々代は奥村小次郎といい、京都のこの南座まえと神戸の湊川神社のまえで「菊水せんべい」をやっていた。そして大正五年にレストラン「菊水」を始め、昭和二年にこのビルを建てた。…〔略〕…〔因みに四条寺町にあるサロン菊水の名物女性お孝さんはここの社長の伯母になるが、これは京都のカフェの草分けのような店で、ここから出て、現在京の有名なバーのマダムになっている人も多い〕[20]

四条大橋をはさんで立地する二つの近代建築——すなわち、レストラン菊水と東華菜館はモダン京都を代表するランドマークとなっていた（図2－1・図2－2）。現在は中華料理の東華菜館も、前身は西洋料理の矢尾政である。

さきほどの引用文から、二つの菊水の経営者が縁戚関係にあったこともわかる。四条寺町の女給出身者で「有名なバーのマダム」になったといえば、フライング（空飛ぶ）・マダムなどと呼ばれた「おそめ」（上羽秀）しか想起されないのだが、考えてみると、織田作の妻となる宮田一枝もここに勤めていたことがある。青山光二は「『菊屋』という酒場は南座の前にも一軒あり、その方が高級で、寺町の『菊屋』はいくぶん大衆的な、ひろびろした店だった」と述べているが、[21] もちろん「菊屋」は「菊水」の誤りである。

「江戸カフエー」は、新京極四条上ルの立地であろうか。[22] これらカフエーが観光ガイドブック『大京都』のなかですべからく「西洋料理」の項目に掲載されていることを考えると、前芝確三の次のような指摘がいっそう興味ぶかく感じられる。

花見小路を少し西へ行つたところの南側に東洋亭「祇園カフエ」というのがあつた。映画のかえりなど、ときどき立ちよつてビールをのんだものだが、祇園の芸者や舞妓が客につられてきて、つつましやかにおちよぼ口で、えびフライか何かを食べているのを見かけることもあつた。白いエプロンをかけた女給たちもいたつて素朴であいそよくビールをついでくれたが、客席にはんべるようなことはしなかつた。要するに「西洋料理店」が一歩

「かふええ」に近づいたようなものだったが、私たちはそれで結構楽しんでいたのだ。[23]

前芝はまた、「四条大橋の菊水の二階か三階が『かふええ』化したこともおぼえているが、それはすでに私が大学を出て、大阪の新聞社でかけ出しの記者をしていた頃のこと」であると回想している。[24] 彼が大学卒業後、兵役を終えて毎日新聞社に入社したのは昭和三（一九二八）年であるから、記憶が正しいとすれば、菊水がいまも使われている新館に建て替えられたあとのことと考えてよい。

図3－1は昭和十年代の菊水の広告である。階層別の用途を知ることができ、カフエー化したという二階をみると、「酒場」となっている。描かれた店内の風景は、二階の「酒場」であろうか。

入り口（?）カウンターには、L字型の棚に洋酒がずらりとならぶ。六人がけのテーブルにはビール瓶や料理の盛られた皿がならび、ステーキなどが食されていたのだろう。学生帽をかぶった男性もみられるし、着物姿の女性もいる。テーブルは相席のようだ。ただし、二人いる給仕の姿は男性で（カウンターのなかも男性）、女給の姿はみられない。すでに脱カフエー化していたのか。

いずれしても、（第2章でみた）昭和初年に登場してくる、戦後のスナックやクラブのプロトタイプとなるカフエーに先行するかたちで、洋食店のカフエー化が起こっていたことになる。

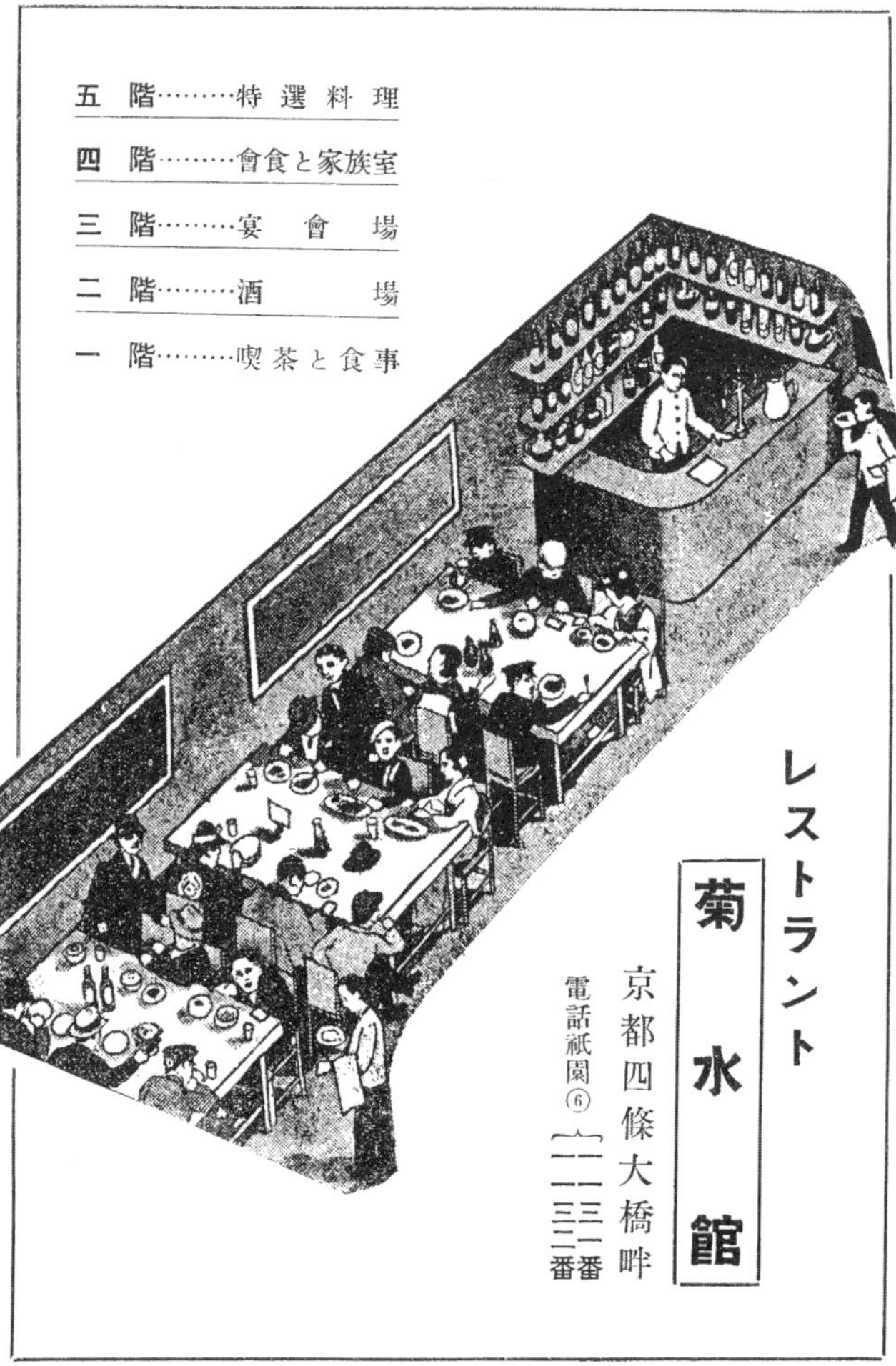

図3-1　昭和初期「菊水」の階別用途

3　明治京都の西洋料理屋

(1) 料理屋とホテルの兼業

京都で西洋料理（洋食）は、そもそもどのように受容されたのだろうか。市内の料理屋を業種別に一覧化した観光案内書から、ながれを追ってみることにしたい。

まず、明治十（一八七七）年発行『京都名勝順覧記』の「割烹店（りょうりや）」の項目には、

祇園二軒茶屋　緒魚《ママ》西洋　中むらや

仝　西洋　自由亭

と、わずか二軒しか掲載されていない[25]。「中むらや」（中村屋）は、すでにみたとおり、江戸時代から「二軒茶屋」のひとつとして知られた料理茶屋で、現在は中村楼として営業している。意外にも、西洋料理を取り扱っていたのだ。

他方の「自由亭」は、長崎に起こった日本初とされる洋食店で、二軒茶屋のひとつであった藤屋を買収して、明治十年、外国人向けの旅宿を兼ねた西洋料理屋として開業した[26]。

次いで明治十四年発行の『京都名所案内図会』では、「西洋料理（外国旅宿）」の部門に「祇園鳥居前　自由亭」・「同　中村屋」のほか、「円山　也阿弥」がくわわる。(27) 中村屋も宿泊機能を備えていたことになる。也阿弥は、現存する料亭「左阿弥」などとならぶ円山安養寺の塔頭で、江戸期の席貸料理屋からホテル業へと転じたのだった。

開港都市の神戸を経由して入洛したであろう外国人たちを、八坂神社の鳥居で参道をはさんで立地する中村屋と自由亭、そして円山の也阿弥が受け入れていたのである。八坂神社周辺は、明治前期の京都にあって、もっとも国際的なスポットであったわけだ。

明治二十年になると自由亭が脱落して、詳細は不明ながらも新たに「健一《ママ》亭」（蛸薬師河原町西）が登場する。(28) さらに七年後の『京都案内都百種』には、やはり「西洋料理」として次の五軒が掲載された。(29)

円山　也阿弥楼
祇園鳥居内　中村楼
河原町二条　京都ホテル
河原町蛸薬師　共楽館
同町　健亭

のちの京都の西洋料理界に多大な影響を及ぼすことになる京都ホテルがここに登場した。同ホテルの開業は明治二十一（一八八八）年である。共楽館は、もともと席貸であったようなのだが[30]、『京都案内都百種』には「会席御料理」・「旅館」としても掲載されているので、兼業していたものと思われる。

当時は、ホテル・旅館と和食の料理屋を兼ねるところが多く、健亭をのぞけば、独立した西洋料理屋は少なかった。

（2）独り立ちする西洋料理

こうした状況は、明治三十年代になると変わってゆく。

西洋料理も至る所にあるが、前の牛肉店《ぎうにくや》でもカツレツやスチウやビーフステエキ位は御注文に応ずるのである、洋食でも外国人相手のホテルなどは、もとより申分ないけれども、其他ありふれた西洋料理店《せいようれうりや》のは、甚だ感心されないのが、多いのである[31]。

明治三十年代の京都には西洋料理屋がいたるところに立地し、牛肉を取り扱う精肉店でも、カツレツやシチュー、ビーフステーキなどを食することができるようになっていた。精肉店には「すき焼き」に特化した料理部門を併設するところも多かったが、なかには洋食も供する店もあったのである。ただし、肝心の料理（味）の方はいまひとつだったようなのだが……。

次いで表3－1は、明治末期の「西洋料理業」をまとめたものである。[32] おおよそ東から順にならべてある。所在地の分布は、二つの立地傾向を示しているだろう。花街と繁華街の周辺である。

まず、花街とその周辺についてみると、勝栄亭・南洋軒支店・光洋軒は《祇園新地》（《宮川町》とも近接）、福屋は《宮川町》に、アサガホは《七条新地》に、それぞれ立地している。付言するならば、レストラン兼ホテルの「あづまや」のある《東三本木》もまた旧花街であり、その建物は立命館大学の前身「京都法政学校」が一時的に利用した清輝楼を転用したものであった。その他、みやこと発静軒（府庁内）をのぞけば、いずれも繁華街とその周辺に立地したわけだ。

もちろん、京都ホテルなどのレストランも西洋料理をだしていたものの、この表からは「あづまや」を例外として、旧来の料理屋が兼業したり、ホテルに併設されるレストランとは別に、着実に単体の西洋料理屋が増えていたのを知ることができる。

「京都の洋食界の草分け」のひとつとして知られた明治四十三（一九一〇）年四月創業の開晴亭はみられないものの、[33]「大体本格的な洋食屋と言へば、東洋亭と万《ママ》養軒が古くから知られていたのではないか」と指摘される東洋亭と萬養軒とは、そろってある。[34]

カフエー祇園として開業した東洋亭支店についてはすでにみたが、本店の東洋亭（現・キャ

表 3-1 明治末期京都の西洋料理屋

No.	「西洋料理業」	店名		所在地	備考
①	西洋御料理	勝栄亭		祇園小堀石段北入	創業明治26年
②	西洋御料理	南洋軒	支店	祇園花見小路	
③	西洋料理	都花亭		建仁寺町団栗東入	四品一組 金三十五銭
④	西洋御料理	光洋軒		新宮川町松原南入	
⑤	カブトビーヤホール 西洋料理 喰パン	福屋		松原大橋東詰北側	
⑥	西洋御料理 兼 旅館	あづまや		東三本木丸太町上ル	RESTAURANT AND HOTEL AZUMAYA
⑦	西洋御料理	南洋軒	本店	木屋町通リ蛸薬師	
⑧	ビーフ／即席御料理	三橋楼		木屋町四条下斎藤町	創業明治23年
⑨	キリンビヤホール 西洋御料理／ 精肉すき焼	アサガホ		高瀬五条下ル	
⑩	西洋御料理	東洋亭		河原町三条南	
⑪	西洋御料理	南洋軒	西店	蛸薬師通リ河原町東入	
⑫	西洋御料理	日洋軒		蛸薬師通新京極東入	
⑬	西洋御料理	萬養軒		麩屋町錦小路上ル梅屋町	
⑭	西洋料理／ 精肉すき焼	発静軒	支店	四条柳馬東入	
⑮	西洋御料理	中央館		高倉四条下ル	
⑯	西洋料理／ 牝肉すき焼	みやこ		錦小路室町新町間之筋南	
⑰	西洋料理	発静軒	（本店？）	府庁内	

注：アミは花街（周辺）に立地する店舗。

ピタル東洋亭）は、河原町三条下ル（西）で明治三十（一八九七）年に開業していた[35]。

河原町が未だ広がらぬころに、東洋亭があすこにあつて、夜によく叔父が子供の私に洋食を食べさせてくれたが、其処は奥深くはいつて行く一軒路次《ママ》の如き庭があつて、そこに燈籠か何かが点つてい、およそハイカラな洋食屋らしからぬ…〔略〕…地味な店……であつた様に思う[36]。

河原町通が拡築される前の大正期の様子である。「路次」というからには通り庭ではないようだが、現在でもエントランスまでずいぶんと間のある料理屋がある。「ハイカラ」とは程遠い「地味な店」——当然、京町家を転用した店舗だったはずだ。

（3）萬養軒と四条通の拡築

東洋亭と同じく京都洋食界の古参である萬養軒については、同社の創業七十五年記念誌『鸞庭房』が参考になる。同書に収録された「萬養軒の履歴書」によると、萬養軒は明治四十三（一九一〇）年に開業した[37]。

これとは別に創業当時の雰囲気をよく伝えてくれる著名な日記が存在するので、参照してみよう。

案内されたのは、麩屋町の仏国料理萬養軒といふ洋食屋である。近来京都の洋食は一時に発達して、カツフエ・パウリスタの支店までが出来たさうな。此処の家もつい此の頃、医者の住居をそれらしく直して開業したのだが、中々評判がいゝといふ。矢張日本造りの畳の上へ敷物を布いて、テーブルや椅子が置いてある。五坪程の奥庭に青苔が一面に生えて、石燈籠の古色蒼然たる風情など、洋食屋には少々勿体ない。(38)

第1章でみたように、明治四十五年春、初めて京都を訪れた谷崎潤一郎が昼食の接待を受けたのは、開業したばかりの萬養軒であった。「医者の住居」を転用し（町家リノベーション）、畳の上にテーブルとイスを置いていたという。まるで現在はやりの「町家フレンチ」を先取りするようなスタイルである。

注目されるのは、「近来京都の洋食は一時に発達して」という指摘だ。宿泊施設や既存の料理屋から独り立ちした西洋料理屋は、明治最後の十年間で立地展開を加速させていたにちがいない。

少し時代はとぶが、戦後のガイドブックに掲載された萬養軒の記事も参照しておこう。

明治四十四年の開業で、京都の洋食界では古い店。初代はアメリカで料理を勉強、帰国して京都ホテルでさらに洋食を学んだ。歴史を語る四条の旧建物は昭和四十三年にすっかりこわされて、新しく今の建物に建てかえられた。

そのこわされた建物も、アメリカ帰りの初代が当時の建築界の権威武田梧《ママ》一博士に依頼して建てたユニークなものでたいへんな話題になったらしい(39)。

じつのところこの紹介記事では、所在地が「四条麩屋町東入ル奈良物町」となっている。表3-1では、「麩屋町錦小路上ル梅屋町」だ。つまり、創業の地から四条まで南へさがり、すこしばかり東へはいったところに新店舗を構えていたのである。しかもその設計は、当時の関西でもっとも権威のある建築家・武田五一によるものであった。

明治四十四年、四条通、武田五一という三つのキーワードが出そろうと、京都の近代空間史を考えるうえで重要な出来事が思い浮かぶ。谷崎潤一郎は、萬養軒に到着する直前の街頭風景を次のように書きとっていた――「市区改正で、電車路を取り拡げてゐる四条の大通を横切る(40)」、と。これは、東京でいうところの「市区改正」ではなく、京都市の三大事業にともなう四条通の拡築事業を指す。

中川理『京都と近代』で論じられたように、拡築される四条通に面した土地所有者・商店主のなかには、計画段階では反対運動を起こしつつも、いざ計画の実施が決まると、「新しい街路にふさわしい町並みデザイン」を模索する動きがあったという。その際に住民たちが助言をもとめたのが、建築界の指導的立場にあった武田五一であった(41)。町並みデザインを模索する動きは四条河原町の交差点に近い御旅町から起こったというけれども、萬養軒の新築も四条通の町並みをめぐる一連の動向と連関しているとみなさなくてはなるまい。『鸞庭房』によると、四条通の新「萬養軒」は、京都の有力な実業家であった大澤善助の助言にしたがって武田五一に設計してもらい、大正二（一九一三）年に開業した。

この移転・新築開業には、興味ぶかい逸話が残されている。『鸞庭房』という書名の読み方はおわかりになるであろうか――「らんでいぼう」と読ませる。設計者の武田五一がフランス語の「ランデヴー」をもじってサロンに付けた名称をそのまま書名にもちいているのだ。実際、本の扉には「鸞庭房 *Rendez-vous*」とフランス語が併記されている。七十五周年当時の萬養軒には、武田の洒落た命名にあやかって、「鸞庭房」を「メインダイニングの名称として」も受け継いでいた。

このようにみてくると、隠れたエピソードながら、西洋料理の老舗である萬養軒の移転それ自体が、近代京都における空間の生産過程にしっかりと組み込まれていたことがわかる。

4　古川ロッパの「色町洋食」論

(1) カツレツをどう食べるか

京都にも大坂にも洋食らしい洋食は殆んどない。堂々たるホテルの料理でも、東京の一品洋食よりまづいのが多い。少しキタナイ喩へだが、まるでゲロのやうにまづまづしいのである。神戸でさへも横濱よりは劣つてゐる。だから上方の人たちは洋食の味を知らないらしい。そのくせ洋食を食ふのが好きで、あのゲロのやうな料理を平気でムシヤムシヤたべるのにはビツクリさせられる。(42)

谷崎潤一郎「洋食の話」（一九二四年）からの引用である。「喩へ」が過ぎるように思われるし、「上方の人」は馬鹿にされているようで気分も悪くなるだろう。京都・大阪の洋食に対する評価はすこぶる悪い。だが、ここはぐっとこらえて、この短い文章に見え隠れする洋食の区分に着目しておきたい。谷崎は、いずれも洋食ながら「一品洋食」と「ホテルの料理」とを区別している。

その意図するところを補ってくれるのが、「先ず、洋食と一口には言っても、谷崎潤一郎先生の区別されたように、西洋料理と称したい高級品から、洋食と呼ばれる中級、そして屋台のトンカツ迄あります」という一文である。[43] こう述べたのは、このあと全面的に依拠することになる喜劇役者・古川緑波であった。

当時は、フランス料理に代表される西洋料理から、明治期に独自の発展を遂げたトンカツなどの一品料理にいたるまで、洋食は大きく分化していた。この点について、『明治洋食事始め　とんかつの誕生』の著者・岡田哲の見解は明快である――「パンと合うのが西洋料理であり、米飯と合うのが洋食だ」、と。[44]

ついでながら、谷崎は先ほどの文につづけて「京極の近所に村瀬と云ふ牛肉屋がある」、「此の村瀬のすき焼はなかなかうまい。そして驚くほど安い」と、めずらしくほめているのだけれども、ビフテキには難癖をつけた。[45] 牛肉好きの彼らしいコメントであるのだが、大正後期、京都の青少年たちは別のたのしみをもっていたらしい。

（天野）あの当時は「村瀬」で、ワラジちゅう、例のねえ…カツレツ。サラが見えへんぐらい大きいやつ、ありました。それにライスでしょう。ライスには福神づけは、もうたっぷりついてますしねえ。[46]

若者たちは「ワラジとライス」でお腹を満たしてから、映画を楽しんだ。草鞋のように大きいカツレツ「ワラジカツ」、まさに米飯とあう洋食だ。
だが、酒飲みのスタイルは大いに異なる。

…〔略〕…日本的洋食屋ってものは、高級レストラン、その頃の、欧風西洋料理店とはまた別な、誇りを持って、気軽に（食い方のエチケット抜きで）食わせるのが、自慢だった。だから、お客の方でも、その店へ入ったら…〔略〕…いきなり、「おい、熱いとこ一本つけてくんな」と言い、すぐ続けて「そいから、大カツを一チョウ」と、こう来こなくっちゃあ通《つう》じゃない。

何のことはない、西洋式おでん屋だ。そこで、菊正の二合ビンか何かが運ばれる。ガラスの中くらいのコップに注いで、チューッと吸いながら、カツの来るのを待つ。カツレツが来たら、ナイフとフォークでえイえイと皆切ってしまう。バラバラに切っといてから、ソースを、ジャブジャブとかける。
で、そいつを、正宗を飲みつつ、一片ずつゆっくり口へ運ぶ。(47)

大きなカツレツに菊正宗の熱燗、なんとすばらしい組み合わせだろう。ここでは、マナーもたいして気にする必要はなさそうだ。日本的洋食屋は西洋式おでん屋、もっといってしまえば居酒屋だったのである。いま京都に（昼間から）「カツレツ」と熱燗を注文して、ロッパさんよろしく呑むことのできる店はどれほどあるのだろうか……。

（2）「色町洋食」とはなにか

古川ロッパの洋食論は、「その頃、僕の遊蕩は、各花街の洋食と共にあった」と述べているごとく、明確に花街と関連づけられているところに特色がある――名づけて「色町洋食」。彼の「色町洋食」の定義は、「日本的洋食――日本化された洋食――」と、いたってシンプルだ。[48]この「色町洋食」をめぐっては、おもしろいやりとりがあった。

古川緑波さんの「色町洋食」という概念は、実に的確そのものズバリで、平たく言えば最も日本的な洋食が「色町洋食」で、洋食がまだぜいたくな頃、もっぱら浪費ずきの色町の客のための洋食屋ができ、そこでは調味その他を洋食に不馴れな客にコビへツロうて作ったものである。東京・京都・大阪にはまだこの「色町洋食」があって、カタカナの新しい名がついていても、うっかりするとこれにぶつかる。[49]

関西の食や料理にこだわった評論家・大久保恒次のコメントである。これに対してロッパ自身は、ところが、僕は、色町洋食なんて、うまい言葉は使ったことがないんだ。僕のいわゆる日本的洋食を、大久保さんが、うまいこと言い変えて下さったもの。しかし、色町洋食とは、また何と、感じの出る言葉だろう。(50)

と、じつにポジティヴに受け止めている。わたしたち読者からすると、ロッパの温かい懐旧談とは対照的に、大久保は「色町洋食」に対してあまりに否定的であると言わざるをえない。いまふうに言えば、「上から目線」といったところか。

ロッパが大久保のネーミングであることを認めながら、それでもなおこの造語を気に入っている様子がストレートに伝わってくるが、（大阪出身の大久保は意識していなかったであろうけれども）東京出身のロッパはその意味するところにも敏感であった。

ロッパは言う、「もっとも、これは関西でないと通じない、東京では、色町とは言わないから」(51)。そう、上方の花街（かがい）は、廓（くるわ）ないし色町（いろまち）と呼ばれる。花街（はなまち）とはけっして言わない。「花街洋食《かがいようしょく》」という言い方も成り立つように思われるが、音読みつづきで語感はよくない。音韻それ自体も「感じの出る」要因だったのだろう。

（3）京都の「色町洋食」

色町洋食という言葉が、一番ピッタリ来るのは、無論東京ではない、大阪でもなく、それ

図3-2　「北養軒」のマッチラベル

は京都であろう。[52]

いま手元にある一枚のラベル（マッチ箱）をみてみよう（図3-2）。読み取ることのできる文字をひろってみると、「RESTAURANT」「北養軒」「西洋料理」「京都北野上七軒」（電話番号は省略）となる。《上七軒》は北野天満宮の東楼門前に小ぢんまりとまとまる歴史的な花街であり、「北養軒」なる西洋料理屋（RESTAURANT）をその立地からみるに、まさに色町洋食というわけだ。

《上七軒》で洋食といえば、かつては三代つづいたお茶屋から転業した「萬春」（二〇一四年閉店）が有名であり、現在は「グリル　彌兵衛」（ここももとはお茶屋の建築）が知られるが、戦前にもすでにして洋食屋が営業していたことになる。

これはほんの一例であるが、店や料理の特色まではわからない。そこで、再度、古川ロッパの色町洋食論に耳をかたむけてみたい。

祇園の三養軒、木屋町の一養軒など（京都には、何養軒と名乗る洋食屋の如何に多き）の、第一、入ったところの眺めが、他の土地には見られない、建物なり装飾ではあるまいか。カーテンで、やたらに、しきって、お客同士が顔を合わせないようになっている。だから、どこのテーブルに就《ママ》いても、たちまちカーテンで、しきってくれる。

…〔略〕…

つまりは、これ等の洋食屋は、レストランというよりは、花柳界の、色町の、延長と言ってもいいだろう。

だから、こういう店には、ボーイに、古老の如きオッサンが必ずいて、痒いところへ手の届くようなサービスをしてくれる。

…〔略〕…

しかしねえ、木屋町の一養軒あたりでさ、川のせせらぎをききながら、一献やりの、海老のコキールか何かを食べながら、ねえ、あの妓の来るのを待ってる気持なんてものは、ちょいとまた、寄せ鍋をつつきながら、レコを待ってるのとは違って、馬鹿にハイカラでいい心持のもんだ。(53)

図3-3　「五養軒」の広告

ロッパによると、京都には「何養軒と名乗る洋食屋」が多かった。名前だけからすれば、「萬養軒」も想起されるが、立地もロッパのいう色町洋食にはあたらない。《上七軒》の「北養軒」はこの例であるが、彼の挙げた「一養軒」（木屋町）と「三養軒」（大和大路四条下ル、欧風逸品料理）にくわえて、このあとに取り上げる「五養軒」も存在した（図3-3）。「一養軒」は花街それ自体ではないけれども、《先斗町》と背中合わせの《木屋町》に位置していたのだから、これらは少なくとも立地において、いずれも「色町洋食」といってよい。

ロッパが注目するのは、他都市ではみられない店内の「装飾」であった。そこには、カーテンの仕切りがあるというのである――カフエーの店内サービスにもみられた「装飾」である。お茶屋の座敷（個室）の延長線上に、親密な空間を演出する「色町洋食」店が位置するというわけだ。女給への言及はなく、ベテランのボーイ（客の素性をよく理解しているホールマネージャーといったところか）の存在を挙げるあたりも色町的と言えようか。

木屋町通に面したかつての「一養軒」で、高瀬川のせせらぎを店内から聞くことはできなかったはずだけれども（これは気分の問題だろう）、芸妓や舞妓をまちながら「エビコキール」などで一杯、というのはなかなかにおつなひと時だ。

現在、一養軒は遠見遮断になった路地奥に移り、隠れ家的な洋酒レストラン（洋食バー？）として営業をつづけている。大正十一（一九二二）年に開業したというので、まもなく百年をむかえる老舗である。(54)

次いで、「祇園花街の真ん中（花見小路）」にあって「フランス料理で人気のよい」店であったという五養軒をとりあげてみよう。『洛味』のリポーターだったのだろうか、山川美久味という人物が五養軒を訪問している。

山川いわく「こゝの料理は少々薄口である」。それはいつ行っても変わることがない。淡白なフランス料理ゆえのことなのか。だが、たんに薄味という以上の「調味の細かさ」があるように思えてならない。そこで店主に問うてみると、「君の舌は鋭敏ですネ」と応じて、次のように説明したという。

「…〔略〕…祇園廓を的に営業してゐるのですから、伝統に培はれた廓の好みをよく知つて、それに合ふ味を作つてゐるだけです」と、さも自信ありげに言ひ切つた。(55)

色町という特色にあわせた料理にしあげている、というわけだ。ロッパと同様、山川もまたホールにおけるサーヴィスに目をむける。

…〔略〕…現在の営業振りは、来客本位である（出前も四人がかりで忙しいが）。場所柄、おつればかりといつてもよい位である。それ故ボーイのサーヴイスは複雑多芸、非常に六ケ敷いさうである。お客と芸妓、お客と舞妓、芸妓同志、芸妓と舞妓、舞妓と仲居、お客と仲居……といつた具合に、其組合せ如何によつて席の雰囲気が違ふのだから、二重サーヴイス、三重サーヴヰ《ママ》ス……となる。(56)

ここでも女給ではなくボーイである。「色町洋食」は、カフエー化した洋食屋とは明らかに性格を異にしていたことがよくわかる。組み合わせの複雑さにあわせてサーヴィスのむつかしさも増すという点は、色町の大きな特徴だろう。

ルームは大体ボックス式に別れてゐる。ある程度のエログロナンセンスは廓の慣《ならひ》として看過してよい。(57)然し近代的悪趣味の遊戯は絶対皆無。その点は流石天下の名妓を以て自負する彼女達である。

ロッパのみたカーテンはなかったようだが、「ボックス式」ということで、バリアは低いながらも個空間は確保されていた。これは、東洋亭の創業者・高橋銀次郎が「カフェー祇園」で発明したという、「芸妓が座って居心地のよい奥深いボックス」を模倣したものだったのかもしれない。そして、ある程度までならエロも黙認なのだが、ここは《祇園新地甲部》なのだから羽目を外すことはない。

ところで、五養軒の人気メニゥはライスカレーであったという――「五養軒のライスカレー、あて一番好きやわ……」などと妓たちがいうらしい（「サンドウヰッチ」も評判のよし）。はて、ライスカレーはフランス料理だったかしらん……。

5　花街と〈場所の力〉

京都の花街には、現在でもひろく名の知られた洋食店がある。《上七軒》の「グリル彌兵衛」、戦後、祇園石段下から《先斗町》へと移った「開陽亭」など。そして、「色町洋食」とはもっとも縁遠かったはずの「萬養軒」までもが、平成十三（二〇〇一）年に鴨川をこえて縄手通の新橋へ、さらに平成二十五年には《祇園新地甲部》の歌舞練場の向かいに移転して、「ぎをん萬養軒」として営業をつづけている。京都の花街には、洋食店を惹きつける場所としての魅力があるらしい。

ほかにも、表3-1にあった⑤の「福屋」は、同じ場所で「グリル富久屋」として営業をつづける色町洋食の老舗となった。明治四十(一九〇七)年の創業であるといい、「芸妓のリクエスト」から生まれた「フクヤライス」が名物である。[58] また、八坂神社の鳥居参道にあたる下河原通には、大正二(一九一三)年開店の「グリル冨士屋」がある。京都ホテルに勤務した経験をもつ創業者が下河原に個人の店を構えたところ、たちまち祇園花街で話題となり、人気を博した。[59]

有名性のどあいを問わず、「色町洋食」の伝統は現在の京都花街でも確実に受け継がれているようだ。重要なのは、場所に応じた特色の生成と変容である。たとえば、現在はない店だけれども、祇園富永町で昭和二十三(一九四八)年に開業した「グリルつぼさか」は、「祇園という場所柄をよく知っての上の賢明な運営」を通じて、「祇園の女性の間で人気が出」て評判を勝ち得た。[60]

祇園町というところはふしぎな町で、その雰囲気にふさわしいのが、料亭、板前、一ぱい飲み屋など、とにかく和風であろうと思えるのだが、結構、洋食や中華料理店があってはやっている。ただし、その場合、ふしぎに洋食も祇園の洋食屋、中華料理も祇園の中華料理だと思わせるような店が多い。

つまりはなんでも祇園化してしまう。逆にいうと、どの店も祇園にあればいつの間にかそれらしく色がついてしまうのである。[61]

この指摘を人文地理学の概念にあてはめて解釈するならば、「どの店も祇園にあればいつの間にかそれらしく色がついてしまう」というのは「立地適応」であり、「なんでも祇園化してしまう」というのは、まさに「場所の力」として読むことができそうである。[62]立地適応と場所の力とが相乗して「色町洋食」が生み出されたごとく、たとえば姜尚美『京都の中華』[63]であざやかに示されたように、中華料理もまた独特の発展を遂げている。さがせば、もっともっとこうした文化があるのかもしれない。

注

（1）中谷孝雄『梶井基次郎』筑摩叢書、一九六九年、三四-三五頁。
（2）前掲、中谷孝雄『梶井基次郎』、二九頁。
（3）白波瀬延秋「少年時代の想い出」（『洛味』第五十四集、一九五九年、一三三-一三七頁）、一三四頁。フランス菓子の職人をおく「鎰屋」で、なぜ「モルゲン」というドイツ語の名称であったのかということに関して、白波瀬は「モルガンお雪」に由来するものと推察している（一三六頁）。
（4）前掲、中谷孝雄『梶井基次郎』、三〇頁。
（5）前掲、白波瀬延秋「少年時代の想い出」、一三六頁。
（6）前掲、中谷孝雄『梶井基次郎』、五九-六〇、七七頁。

（7）青山光二『純血無頼派の生きた時代　織田作之助・太宰治を中心に』（双葉社、二〇〇一年、三七-三九頁）など。
（8）青山光二『青春の賭け　小説織田作之助』講談社文芸文庫、二〇一〇年、二二六-二二七、二二二-二二三頁。ただし、青山は「実家から……通勤している」とも記している（二四〇頁）。
（9）前掲、中谷孝雄『梶井基次郎』、七七頁。
（10）外村繁『澪標・落日の光景』講談社文芸文庫、一九九二年、一一四頁。
（11）前掲、中谷孝雄『梶井基次郎』、一〇三頁。このカフエーの「女給たちは、その多くが震災で東京から逃げて来た連中であつた」という（一〇四頁）。
（12）西村善七郎編『大京都』大京都社、一九二八年、七八-七九頁。
（13）http://kaiyoutei.com/history/（最終閲覧日二〇一九年一月七日）。
（14）京都中央電話局編『京都市電話番号簿』京都中央電話局、一九二八年、七二頁。ほかに、「開陽亭支店　別所常一　烏丸、四条下　西洋料理」ともある。
（15）http://www.touyoutei.co.jp/company/（最終閲覧日二〇一九年一月七日）。
（16）前掲、京都中央電話局編『京都市電話番号簿』、二〇一頁。
（17）『京都料理新聞』（一九三六年二月一日）の記事を掲載した河合喜重『京都料飲十年史』（京都料飲新聞社、一九七〇年、二〇九頁）を孫引きした。本文にも書いたが、原典には当たることができていない。
（18）山本修二「のみある記　第十三章」（『洛味』第二十五号、一九四〇年、七二-七五頁）、七三頁。
（19）辻ふく「四条磧と縄手」（大阪毎日新聞社京都支局編『京都新百景』新時代社、一九三〇年、一〇五-一〇九頁)、一〇八頁。
(20) 臼井喜之介『京都味覚散歩』白川書院、一九六三年、六二頁。
(21) 前掲、青山光二『青春の賭け 小説織田作之助』、二四〇頁。
(22)『京都商工人名録(昭和三年改版)』京都商工人名録発行所、一九二七年。
(23) 前芝確三「春宵よもやま話 一世代前の京都をしのびつつ」(『洛味』第六十六集、一九五六年、二一一-二一四頁)、二一三頁。
(24) 前掲、前芝確三「春宵よもやま話 一世代前の京都をしのびつつ」、二一三頁。
(25) 福冨正水著・乙葉宗兵衛『京都名勝順覧記』村上勘兵衛、一八七七年、四十七丁。
(26) 永松実『本邦初の洋食屋 自由亭と草野丈吉』えぬ編集室、二〇一七年、一六〇-一六一頁。
(27) 遠藤茂平『京都名所案内図会』正宝堂、一八八一年、廿丁。
(28) 石田旭山編『京都名所案内図会(下)』正宝堂、一八八七年、四十八丁。前掲の河合喜重『京都料飲十年史』では、『日出新聞』を参照しつつ、明治十九(一八八六)年に開業した「健亭」(河原町四条上ル、土佐屋敷北側)を京都西洋料理界の「元祖」と位置づける(二〇三頁)。「健一亭」と「健亭」は同じであると思われる。
(29) 辻本治三郎編『京都案内都百種』尚徳館、一八九四年、三一頁。
(30) 加藤定穀『京都名所案内』村上勘兵衛、一八九三年。
(31) 変通子「京都の飲食店」(佐々政一編『夜の京阪』第十六号、金港堂、一九〇三年、六三-六九頁)、六五頁。
(32) 佐藤純吉・平野熊蔵編『京都実業界』博信社、一九一二年、一一九-一二二頁。

(33) 國分綾子『京都味しるべ』駸々堂、一九八〇年〔新訂版〕、一九二頁。
(34) 長野晶水「食慾の秋に」(『洛味』第五十九集、一九五六年、五八-六〇頁)、五七頁。
(35) 前掲、國分綾子『京都味しるべ』、二〇八頁。同書では、開店を明治三十八(一九〇五)年としているが、キャピタル東洋亭のウェブページには「1897年5月1日 東洋亭ホテル開業京都で最初の洋食を提供する」とある(http://www.touyoutei.co.jp/company/history/)(最終閲覧日二〇一九年一月七日)。
(36) 前掲、長野晶水「食慾の秋に」、五六頁。
(37) プランニング・サーティーン編『鱗庭房』萬養軒七十五周年記念出版編集室、一九八五年、一八一頁。
(38) 谷崎潤一郎「朱雀日記」(『谷崎潤一郎全集 第一巻』中央公論社、一九八一年、三三一-三六八頁)、三三五頁。なお、旧字体は常用漢字にあらためている。
(39) 前掲、國分綾子『京都味しるべ』、二一六頁。
(40) 前掲、谷崎潤一郎「朱雀日記」、三三五頁。
(41) 中川理『京都と近代 せめぎ合う都市空間の歴史』鹿島出版会、二〇一五年、一八四-一八五頁。
(42) 谷崎潤一郎「洋食の話」(『谷崎潤一郎全集 第二十二巻』中央公論社、一九六八年、一六二-一六六頁)、一六四-一六五頁。ただし、谷崎は「京都の人は誰もあまり評判にしないが、ミヤコ・ホテルの洋食だけは、上方では図抜けてうまい」と述べている(一六五頁)。
(43) 古川緑波『ロッパ食談 完全版』河出文庫、二〇一四年、三六頁。
(44) 岡田哲『明治洋食事始め とんかつの誕生』講談社学術文庫、二〇一二年、七八頁。

(45) 前掲、谷崎潤一郎「洋食の話」、一六五頁。
(46) 和田洋一・松田道雄・天野忠『洛々春秋 私たちの京都』三一書房、一九八二年、七八頁。
(47) 前掲、古川緑波『ロッパ食談 完全版』、二二五頁。
(48) 前掲、古川緑波『ロッパ食談 完全版』、二二六、三九頁。
(49) 大久保恒次『うまいもん巡礼』六月社、一九五八年、四〇-四一頁。また、大久保恒次ほか編『京都・大阪・神戸 うまい店二〇〇店』（柴田書店、一九六四年）では、次のように説明されている。「大阪の洋食もホテルからはじまったが一方また芸者のいる花柳街に洋食屋ができた。当時ぜいたくとみられていた洋食は、色町（花柳街）でないとなりたたず、ここでは色町洋食という日本化した洋食がつくられていた」（二二五頁）。
(50) 前掲、古川緑波『ロッパ食談 完全版』、二四二頁。
(51) 前掲、古川緑波『ロッパ食談 完全版』、二四二頁。
(52) 前掲、古川緑波『ロッパ食談 完全版』、二四五頁。
(53) 前掲、古川緑波『ロッパ食談 完全版』、二四五-二四六頁。
(54) 木屋町から路地奥への移転は昭和五十三（一九七八）年である。興味ぶかいことに、「一養軒」は萬養軒が命名したというエピソードが残っているという（二〇一五年五月十九日マスター談）。
(55) 山川美久味「味と気分を訪ねて（三）」（『洛味』第一巻第三号、一九三五年、八七-九三頁）、八九頁。
(56) 前掲、山川美久味「味と気分を訪ねて（三）」、九〇頁。
(57) 前掲、山川美久味「味と気分を訪ねて（三）」、九〇頁。

(58) 『朝日新聞』二〇一七年三月十六日。

(59) 『週刊トマト&テレビ京都』二〇一四年一月三日。

(60) 前掲、國分綾子『京都味しるべ』、二〇〇頁。

(61) 創元社編集部編『京都味覚地図 1975年版』創元社、一九七五年、七六頁(執筆者は國分綾子)。

(62) 川端基夫『立地ウォーズ 企業・地域の成長戦略と「場所のチカラ」』新評論、二〇〇八年。

(63) 姜尚美『京都の中華』幻冬舎文庫、二〇一六年。

第4章　歓楽街の誕生

ここには安い居酒屋だけではなく、キャバクラや風俗など、妖しげな光を放つ看板が並び、黒服の男やドレスを着て完璧な化粧をしたお姉さんたちの姿も見える。祇園や先斗町などは敷居が高いが、安いお金で遊ぶならば、木屋町通は京都いちばんの歓楽街だろう。[1]

1　歓楽街とはなにか

ネオン街や夜の街とも称される歓楽街とは、そもそもどのような空間なのだろうか。歓楽街と類する語句に盛り場や繁華街があるものの、これらを厳密に区分することは、なかなかにむずかしい。新宿歌舞伎町が「歓楽街」ではなく「繁華街」と呼ばれることはしばしばあるし、吉見俊哉『都市のドラマトゥルギー　東京・盛り場の社会史』を嚆矢とする一九八〇年代以降の数多ある「盛り場」研究の舞台が、[2]一般には繁華街／歓楽街と位置づけられることも多いところだからだ。これらは語感のニュアンスのちがいを孕みながらも、ある程度の互換性があるものと思われる。

とはいえ、字義通りに解釈するならば、それぞれの語句に大きな違いのあることも理解される。たとえば、「盛り」や「繁華」という語は、いずれも場所や街路の状態を指すのに対して、「歓楽」は街の状況というよりも、むしろ来街者自身の目的ないし心的な様態、もう少し踏み込んで言えば、主体性をあらわすからにほかならない。そうであるならば、来街者の「歓楽」を可能とする条件を考えてみることで、おのずと「歓楽街」の特徴も浮かび上がるはずだ。だが、ここでは先を急がず、盛り場や繁華街の空間的な特徴を整理することからはじめてみよう。

一般に盛り場は、芝居小屋や寄席、のちには劇場・映画館などの興行場を核として、飲食を中心とするサーヴィス業の集積した地区を指すことが多い。明治・大正期までは、そこに遊廓が隣接することもあったが、明治末期から昭和戦前期にかけて、盛り場と遊廓の空間的分離が進められる。他方、繁華街は都市の中心的な商業地区、あるいは目抜き通りのある中心商店街を指す。戦前に各都市で発行された絵葉書には、たとえば「殷賑《いんしん》」という語句をともなって中心的な商店街が「繁華街」として紹介されており、まさに近代都市の消費空間を表象する語句であった。

ここで参照したいのは、商業地理学の古典的な論文である杉村暢二「歓楽街と中心商店街との関連」[3]である。杉村は、この論文の冒頭で、次のような概念規定をしてみせた。

盛り場とは、買物を主とする中心商店街と飲食街と娯楽街などを含めた歓楽街から構成されているものといえよう。

都市において、市民の買物と慰安の場所となる盛り場は、市民生活の消費の場の中心であるばかりでなく、多くの場合、都市地域の中核となっている。こゝには狭義の買物中心

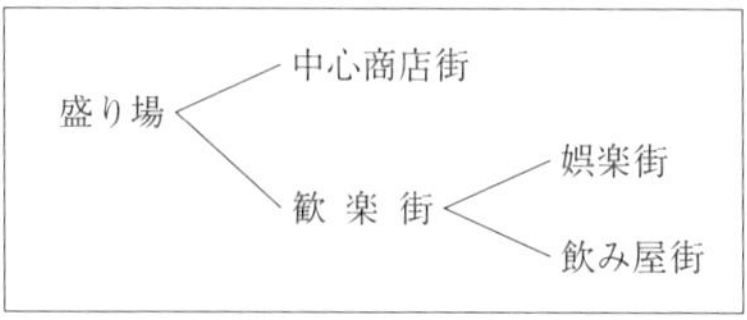

図４－１　杉村による機能地区分類

となる中心商店街をはじめ、これらをとりまく飲屋街と娯楽街とが集まり、これらが一団となって消費地域を形成する。(4)

最初の一文で並立助詞が連続するため、意味が取りにくいものの、要するに歓楽街は盛り場の下位カテゴリーに置かれており、機能的には飲食街（飲み屋街）／娯楽街から構成されるものとして整理された（図４－１）。この定義をふまえたうえで、本書ではより限定的な意味で「歓楽街」という語句をもちいてみたいと思う。

それは、杉村のいう歓楽街から、原則的には娯楽の要素を除外し、飲み屋街だけに限定すること、つまり「夜の街」だとか「ネオン街」などと称される機能地区に対象を絞り込むのである。杉村自身も、たとえば戦後東京を代表するネオン街となった銀座を、次のように描写していた。

東京銀座のような代表的な盛り場となると、中心商店街をはさんで、両側に４～５本の飲屋街が形成され、西銀座地区のみでも、千三百軒近くのバーとかクラブといったホステスのいる店（風俗営業）が銀座西５丁目から８丁目にかけて集まっている。(5)

みごとなまでに、キーワードの出そろった文章である――中央通りの中心商店街、裏通りに分厚く展開する飲み屋街、これらの空間的総体が盛り場としての銀座というわけだ。

ここで杉村がただしく指摘するように、銀座の飲み屋街（＝歓楽街）を構成していたのは「風俗営業」、すなわち昭和二十三（一九四八）年に成立、昭和三十四年に一部改正された「風俗営業等取締法」ならびに同法の施行条例に規定される――いわゆる「水商売」[6]の――店舗である。杉村その他の経験的研究、あるいは現実の都市空間に目をむけてみるならば、「歓楽街」とは「歓楽的雰囲気」を醸し出す風俗営業（水商売）とその関連産業の集積する地区[7]として位置づけることができよう。

このように「歓楽街」を限定的に定義することで、劇場・映画館とそれを取り巻く飲食店の総体であった旧来の盛り場ではなく、戦後に登場してくるネオン街――たとえば、東京の西銀座五丁目以南、大阪の北新地、神戸の東門街など――を対象化することができる。そして、ここでの問いは、そのような歓楽街の成立する地理的基盤、すなわち立地にまつわる地理歴史的な条件はいかなるものであったか、ということだ。

2　「風俗営業」の取り締まりと歓楽街

敗戦後すぐの昭和二十三年に成立した「風俗営業取締法」は、世情の変化に応じて昭和三十四年（一九五九）二月に改正され、新たに「風俗営業等取締法」として公布される。「風俗営業取締法」の公布時には施行条例を制定しなかった県も少なからず存在したが、改正後には全都道府県が足並みを揃えて条例を制定した（ここでは米軍統治下にあった沖縄県を除く）。「風俗営業等取締法」の第一条に列挙された「風俗営業」は、以下のとおりである。

一　キャバレーその他設備を設けて客にダンスをさせ、かつ、客席で客の接待をして客に飲食をさせる営業

二　待合、料理店、カフエーその他客席で客の接待をして客に遊興又は飲食をさせる営業（前号に該当する営業を除く。）

三　ナイトクラブその他設備を設けて客にダンスをさせ、かつ、客に飲食をさせる営業（第一号に該当する営業を除く。）

四　ダンスホールその他設備を設けて客にダンスをさせる営業（第一号又は前号に該当する営業を除く。）

五　喫茶店、バーその他設備を設けて客に飲食をさせる営業で、総理府令で定めるところにより計つた客席における照度を十ルクス（これにより難い特別の事情がある場合において、都道府県が条例で十ルクスに満たない照度を定めたときは、その照度）以下として営むもの（第一号から第三号までに掲げる営業として営むものを除く。）

六　喫茶店、バーその他設備を設けて客に飲食をさせる営業で、他から見とおすことが困難であり、かつ、その広さが五平方メートル（これにより難い特別の事情がある場合において、都道府県が条例で五平方メートルに満たない広さを定めたときは、その照度）以下である客席を設けて営むもの

七　まあじやん屋、ぱちんこ屋その他設備を設けて客に射幸心をそそる虞のある遊戯をさせる営業

この法的規定に関して、警視庁は①「客にダンス等をさせる営業」（キャバレー、ナイトクラブ、ダンスホール）、②「接待をして客に遊興または飲食をさせる営業」（料理店、カフエー、料亭、簡易料理店）、③「照度の暗い客席、または他から見とおしの困難な狭い客席で客に飲食をさせる営業」、④「射幸心をそそるおそれのある遊戯をさせる営業」（遊技場、遊戯所）というよう

表4-1　飲食をともなう風俗営業のサーヴィス内容（京都府の場合）

区　分	飲　食	接　待	遊　興	ダンス
キャバレー	○	○	×	○
お茶屋	○	○	○	×
料理屋	○	○	○	×
カフエー	○	○	○	×
酒　場	○	○	○	×
ナイトクラブ	○	×	×	○

に、独自の分類と解釈を示した。そして、①〜③の営業に関しては、「いずれも売春、わいせつ、不純異性交遊等の性的事案に関連」すること、④の営業は、『とばく等の行為に移行するおそれがある」ものとし、「善良の風俗保持の観点から許可を要するものとされた営業である」と総括している。(8)

規定は曖昧ながらも、男女の身体的な接触をともなう「ダンス」、客席で客の相手をする「接待」、接待や歌舞音曲によって客に享楽的な雰囲気を楽しませる「遊興」をふくむ種々の業態が、「風俗営業」として取り締まりの対象となっていたわけだ（表4-1）。

注意すべきは、法令の解釈と運用は、あくまで各都道府県にまかされていたということである。(9)なかでも第一条第二号をめぐる規定は、その名称もふくめて各地域でまちまちであった。表4-2を参照してみると、たとえば芸妓を呼んで「お座敷あそび」をする場は、東京では「料亭」、京都では「お茶屋」、大阪では「待合」となっている。あるいは同種と思われる料理屋／料理店であっても、「お座敷あそび」のできる県と、そうで

表4-2　風俗営業の区分――東京・京都・大阪の施行条例から

	東京		京都		大阪	
第一号	キャバレー	設備を設けて客にダンスをさせ、かつ、客席で客の接待をして客に飲食をさせるもの	キャバレー	設備を設けて客にダンスをさせ、かつ、客席で客の接待をして客に飲食をさせるもの	キャバレー	設備を設けて客にダンスをさせ、かつ、客席で客の接待をして客に飲食をさせるもの
第二号の区分	イ 料理店	主として和風設備の客席で客の接待をして客に遊興または飲食をさせるもの（簡易料理店を除く。）	イ お茶屋	和風設備の客室を設け、主として芸ぎその他遊芸人等を呼んで客の接待をし、客に遊興又は飲食をさせるもの	イ 待合	席を貸し、主として芸妓その他芸人を呼んで客に遊興又は飲食をさせるもの
	ロ カフエー	主として洋風設備の客席で客の接待をして客に遊興または飲食をさせるもの（簡易料理店を除く。）	ロ 料理屋	主として和風設備の客室を設け自家調理の飲食物を提供し、客席で客の接待をして、客に遊興又は飲食をさせるもの	ロ 料理店	主として和風設備の客席で客の接待をして客に遊興又は飲食をさせるものであつて、客室の総面積が三十三平方メートル以上のもの
	ハ 料てい	芸ぎその他遊芸人等を招致して客に遊興または飲食をさせるもの〔後略〕	ハ カフエー	主として洋風設備の客室を設け、客席で客の接待をして客に遊興又は飲食をさせるもの	ハ 小料理店	主として和風設備の客席で客の接待をして客に遊興又は飲食をさせるものであつて、客室の総面積が三十三平方メートル未満のもの
	ニ 簡易料理店	小規模の開放的客席で客の接待をして客に遊興または飲食をさせるもの。	ニ 酒場	小規模の客室を設け、客席で客の接待をして客に遊興又は飲食をさせるもの	ニ カフエー	主として洋風設備の客席で客の接待をして客に遊興又は飲食をさせるものであつて、客室の面積が十六・五平方メートル以上のもの
					ホ 小カフエー	主として洋風設備の客席で客の接待をして客に遊興又は飲食をさせるものであつて、客室の面積が十六・五平方メートル未満のもの

表４－３　都道府県別の風俗営業の規定

都道府県	料理店	料亭	カフェー	簡易料理店	その他	備考
北海道	○	◎*	○	○		*貸席
青森県	○	◎	○	○		
岩手県	○	◎	○	○		
宮城県	◎*	◎**	○	○		*通則にはないものの、第25条第６項において、「待合及び料理店の外は、営業所に芸妓を招致し若しくはあつ旋し又は業として芸妓に類する接待をし若しくはさせないこと」とある。　**待合
秋田県	○	◎*	○	○		*待合を含む
山形県	○	×	○	○		
福島県	◎*	×	○	○		*待合を含む
茨城県	○	◎	○	○		
栃木県	○	×	○	○		
群馬県	○	×	○	○		
埼玉県	○	◎*	○	○		*待合・貸席などを含む
千葉県	○	×	○	○		
東京都	○	◎	○	○		
神奈川県	○	◎	○	○		
新潟県	○	×	○	○		
富山県	○	×	○	○*		*小料理店
石川県	○	◎	○	○*		*小料理店
福井県	○	◎*	○	○		*待合を含む
山梨県	○	×	○	○		
長野県	○	×	○	○		
岐阜県	◎	×	○	○*		*小料理店が他府県の簡易料理店に該当し、それとは別に簡易料理店の区分を設けている。
静岡県	◎	×	○	○		

愛知県	◎	×	○	○*	かっぽう飲食店** バー	*小料理店　**かっぽう飲食店は他府県の料理店に相当する。
三重県	◎	◎*	○	○		*待合
滋賀県	◎*	×	○	○		*第26条第10項において、「『料理店』を除くほか、営業所に芸ぎ等を招致しないこと」とある。
京都府	○*	◎**	○	○***		*料理屋　**お茶屋　***酒場
大阪府	○	◎*	○	○**	小カフェー	*待合　**小料理店
兵庫県	○*	×	○	○**		*料理屋　**小料理店
奈良県	◎	×	○	○*		*小料理店
和歌山県	◎*	×	○	○**		*料理屋（待合、料理店その他主として和風設備の客席）　**小料理店
鳥取県	◎*	◎**	○	○***		*第27条第11項で「料理店及び待合を除き、営業所に芸妓その他の遊芸人を招致し、又はあつ旋しないこと」とある。　**待合　***小料理店
島根県	○	◎	○	○*		*小料理店
岡山県	○	×	○	○		
広島県	○	◎	○	○*		*小料理店
山口県	○*	◎	○	○		*料理屋
徳島県	○	◎	○	○*		*軽料理店
香川県	○	◎	○	○		
愛媛県	○	◎	○	○		
高知県	○	◎	○	○		
福岡県	○	◎	○	×		
佐賀県	○	◎	○	×		
長崎県	○	◎	○	○*		*小料理店
熊本県	○	◎	○	○		
大分県	○	◎	○	○		
宮崎県	○	◎	○	○		
鹿児島県	○	◎*	○	○		*待合などを含む

注：◎は「お座敷あそび」が可能な業種，×は規定なし。

ない県とがある。

このように「風俗」には地方色がはっきりとあらわれるものの、そのなかにあってカフエーのみが全都道府県で異同することなく規定されていることに注目されたい（表4－3）。カフエーとは、「主として洋風設備の客席で客の接待をして客に遊興または飲食をさせるもの」と定められていた。「洋風設備」というのがミソで、たとえば飲食の場が座敷に座卓ではなく、カウンターにテーブルとイスであるならば、それらの店舗はすべからくカフエーに分類されることになるのだ（ただし、店舗の面積は定められている）。このカフエーこそ、「バー、サロン、スナック、酒場」といった種々の名称を冠した飲食系風俗営業（水商売）を包括する規定区分（あるいは総称）だったのであり、それらが戦後復興・高度経済成長期を通じて集積することで、「ネオン街」が誕生したのである。

3　歓楽街の分布

風俗営業としての飲食店は、戦後の京都においてどのように立地展開したのだろうか。特定の業種の立地を把握するには、職業別の電話帳を利用するとよい。とくに「水商売」の場合は店舗に電話を備え付けていることが多く、有用なのだ。ここでは近畿電気通信局編『京都市職業別電話番号簿（昭和38年9月1日現在）[10]』を用いて、風俗営業の立地を明らかにしてみたい。

図4－2　「カフエー」・「酒場」（京都府）の標札

同書には、「カフエー・バー・酒場」の項目があり、七〇〇件を超える店舗の名称・電話番号・所在地（主として通り名）が掲載されている。これらの「水商売」は、「風俗営業等取締法」の施行条例に定められた飲食可能な風俗営業のなかでも「カフエー」と「酒場」に相当すると考えられ（図4－2）、その他の風俗営業（お茶屋・料理屋など）と比べても、掲載された件数は圧倒的に多い。もちろん全数ではないにせよ、それらの位置情報を整理すれば、立地の傾向や集積の規模・様態をある程度まで明らかにすることができるだろう。

『京都市職業別電話番号簿』の「カフエー・バー・酒場」から、二〇件以上が集積した地区をまとめたのが、表4－4である。各地区の範囲は便宜的に設定したものなので、以下、順番に説明しておきたい。

いっけんして明らかなように、「西木屋町」が全体の約四〇%を占める一大集積地となっている。ここでいう西木屋町とは、河原町通・四条通・高瀬川・三条通に囲

表 4－4　風俗営業の集積地

地　区	軒　数
西木屋町	294
下木屋町	62
東木屋町	51
祇園花街北側	49
寺町・新京極	45
先斗町	38
大和大路四条下	25
五條楽園	25
その他	143
計	732

まれた表通りを除く範囲である。現在でも繁華な夜の街で、商店が軒を連ねる賑やかな表通りからすれば、裏町色の濃い地区であると言えよう。なお、表中には示されていないものの、三条通を挟んだ同地区の北側にも、ある程度の集積がみられた。

「下木屋町」の集積規模も比較的大きい。下木屋町は、四条通、河原町通、五条通、鴨川に囲まれた範域として広義に設定した（ただし表通りを除く）。風俗営業の多くは、四条通に近い北部に立地している。そこには、旧来の料理屋街である西石垣や、同じく席貸街であった（本来の）下木屋町――団栗橋以南の木屋町通と鴨川に挟まれた街区――が連なり、裏町的な路地を縫うようにして店舗の立地がすすんだものと思われる。

西木屋町の東側、すなわち「東木屋町」にも風俗営業の立地がみられる。ここは、木屋町通を西側の表通りにもち（高瀬川に面する片側町）、南北それぞれの境を四条通と三条通とする範囲で、東側は花街の《先斗町》と背中合わせに接している。この《先斗町》にも、飲食系の風俗営業が立地していた。あいだに高瀬川と木屋町通をはさむとはいえ、西木屋町と東木屋町は連担した歓楽街（通称の《木屋町》それ自体）とみなすこともできるだろうか。

鴨東にあって四条通以北の二つの花街――すなわち、《祇園新地甲部》の一部と《祇園東》――周辺を一括して、「祇園花街北側」とした。《祇園東》の範域をふくむ祇園町北側や花見小路、あるいは富永町・末吉町を中心にして、お茶屋を転用した「カフエー・バー・酒場」が多数立地していたのである。少し周辺に目をむけてみると、大和大路四条下ルにもある程度の集積があるほか、四条通を挟んで大和大路の北部に当たる縄手通でも一七件が確認された。逆に、四条通以南の《祇園新地甲部》の範域ではわずか六件と、お茶屋以外の風俗営業の集積はすすんでいなかったようだ。

旧来の盛り場・商店街である寺町・新京極方面にも、飲食系風俗営業の立地がみられた。河原町通をはさむかたちで、西木屋町とは対蹠的な歓楽街であるが、集積の規模という点では、はるかに小さいと言わざるを得ない。

二五件を数える《五條楽園》は、売春防止法の施行を期に、それまでの《七条新地》が衣替えした花街である。ここに飲食系の風俗営業が集積しているのは、お茶屋から転業した店舗が多数あったからにほかならない。同じことは、西陣の廓である《五番町》についても言えることで、表中には示していないものの、一〇件を超える店舗が集積していた。

最後に、集積の規模は小さいながらも飲み屋の立地した場所について一瞥しておきたい。「カフエー・バー・酒場」は、繁華な東部に偏って立地する傾向がみられたものの、西よりの千本通（中立売ならびに丸太町付近）や四条大宮、そして花街である《島原》とその周辺にも立地していた。

以上のことから、戦後京都における歓楽街の成立については、二つの点を指摘することができそうだ。すなわち、三条~四条間の木屋町通東西——通称《木屋町》——に一大歓楽街が成立したこと、次いで旧来の花街とその周辺に飲食系の風俗営業が進出したことである。

4 裏町「歓楽街」の成立

(1)《木屋町》の誕生

…〔略〕…ここ数年のうちに、このあたりのネオンの数が木屋町通でいちばん多くなった。五条署の調べだと、去る三十四年末、五百四十九軒だった酒場の数が一年たらずに五百八十軒にふえている。…〔略〕…この変わりっぷりを〝ニューキョートの誕生〟という言葉で表現する。過去の存在を無視し、京都的なものを否定した新しい場所が、とつぜん生まれたわけだ。(11)

ここに抜粋したのは、昭和三十六(一九六一)年に出版された朝日新聞京都支局同人会編『跡 続・カメラ京ある記』における「木屋町かいわい」の項目である。一行目の「ここ数年のうち」は、出版年から察するに、昭和三十五年前後のことであろう。同じく一行目の「このあたり」は、三条～四条間を指している——収録された写真のキャプションは、「西木屋町蛸薬師付近のバー街」であった。文末の「とつぜん生まれた」という強い表現は、昭和三十年代前半に飲食系の風俗営業（前節で集積を概観した「カフエー・バー・酒場」）が急激に集積し、短期間のうちに歓楽街が成立したことを物語る。

『跡 続・カメラ京ある記』に先行して出版されていた朝日新聞社京都支局編『カメラ京ある記』（一九五九年）においても、たとえば「四条小橋・立誠小あたり」について、「なにしろ五、六百軒のバーや小料理屋、喫茶店、パチンコ屋などがごったがえす歓楽地帯」であるとか、あるいは「木屋町を幾重にも切る細い路地には、色とりどりのネオンとバーの看板が、ひしめき合っている」と描写されていた[12]。前節でも確認したように、高瀬川と木屋町通を挟んで、飲食系風俗営業（水商売）の一大集積地が形成されていた。

「過去の存在を無視し、京都的なものを否定した新しい場所」——それが戦後の京都に登場した最初の歓楽街《木屋町》である。

(2) 町家リノベーション

高瀬川筋、三条四条間の周辺は、最近目立って飲食店、バアー、アルサロ、ヌード喫茶、パチンコ屋がずらり軒をきそつてたち並んでしまつた。

宵ともなれば、この川を中心に、銀座裏とまではゆかないまでも、深夜までネオンライトに活気を見せている。[13]

日本画家の三輪良平も、歓楽街化する《木屋町》のうつりかわりを目の当たりにしたひとりである。その彼が、嘆息せざるをえない場面にであう。

私が、この周囲で最も好きな建物だつた成駒屋の邸宅が、一瞬の間に蜂の巣のようなバアーのアパートと化してしまつたのは、残念でならない。時代を経た純京都風の建築が、近頃、何処へ行つても見られる現代劇映画のセットのような、うすつぺらな建物に圧倒されつつあることは、淋しい極みである。[14]

〈歓楽街〉の誕生を象徴するかのような「成駒屋」邸の飲み屋アパート化を目撃していたのだ。中村鴈治郎と中村扇雀の親子が起居した住宅の位置は、「火災保険地図」（一九五四年八月）で確認することができた（図4－3）。

「蜂の巣のようなバアーのアパート」となった旧成駒屋邸は、昭和三十年ごろに「ドミノ会館」と称される、飲食店ばかりのはいる集合建築となった。ここでいう〈会館〉とは、住宅や商家として使われてきた町家建築に、中（脇）廊下と階段を設えて一、二階を分離し、さらに

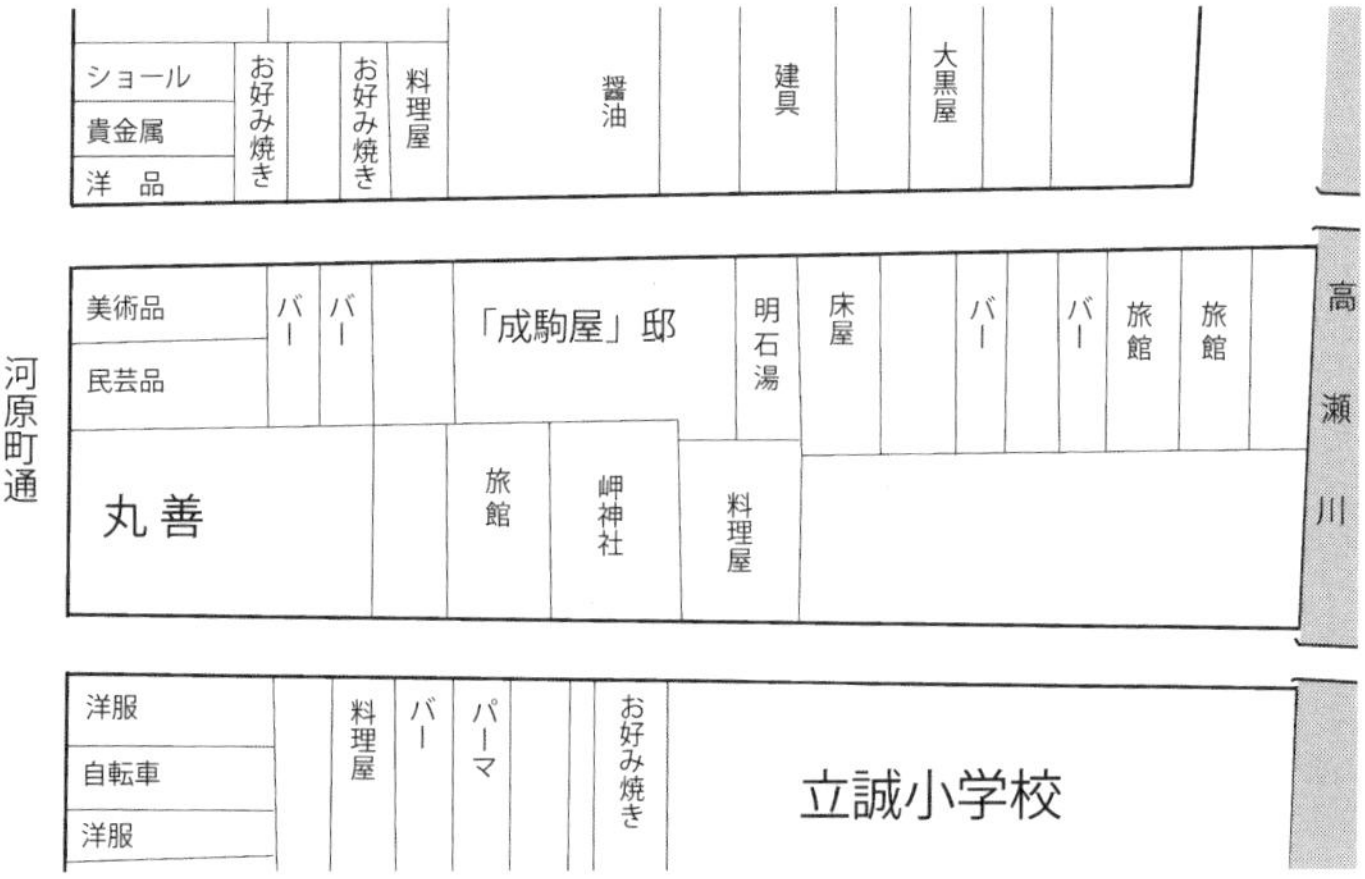

図4－3　成駒屋邸の位置

2　F	
サロン　花園 木屋町店	スナック　初
チャームスナック　どん底	バー　アリス
メンバーズスナック　なな	
1　F	
じゅん	レコードショップ　ダン
スナック　泉	民芸スナック　いをり
和風スナック　しげ子	スナック　ムゲン
バー　るり	鳥串焼　はる野
バー　亀	和風スナック・山菜料理　貴船
バー　銀香	
一品料理　隆稀	バッカス
クラブ　チン	ピノキオ
クレープ喫茶　リーコルドン	素人料理　喜久

図4－4　ドミノ会館の店舗構成

はそれぞれのフロアの空間を細分化して狭小な水商売の店舗を収容した、まさに「アパート」と呼ぶにふさわしい集合建築物を指す（序章・終章も参照）。内部の正確な構造までは不明ながらも、ドミノ会館では二二の店舗が営業していた（図4-4）。

大規模な戦災を被らなかった京都では、大量にストックされた木造家屋（町家）——旅館、お茶屋、商店、住宅……——を、（時に複合して）転用することで、「飲み屋アパート」とでも称するべき建築空間が構築された。それが、歓楽街成立の空間基礎となったといっても過言ではないほどに、会館型の建物が相次いで登場してくるのだ。

昭和三十五（一九六〇）年ごろに撮影された《先斗町》の街景写真を参照してみよう（図4-5）。中央部の袖看板を拡大してみると、手前の「グリル開陽亭」と「水だき 一粒庵」の向こう側に（どちらも現存する店舗である）、「CLUB園」や「バー／BAR」と書かれた小型の看板数枚を見ることができる。これらの看板にある飲食店が入居していたのは、元お茶屋をリノベーションした「先斗町会館」と「鴨川会館」であった。《先斗町》には、隣接する西木屋町の影響を受けて、昭和三十四年ごろから〈会館〉が登場し、累計で一一件立地することになる。

次いで、〈会館〉を名のらない集合建築をみてみよう。《先斗町》と木屋町通のあいだの路地（袋小路）は、現在、軒並み飲食店で埋め尽くされている。そのなかで、たとえば「てるや小路」（現・13番路地）と通称される路地に注目してみたい。図4-6は向かい合う二つの建物の

先斗町会館	
バー	野バラ
	理香
クラブ	アサビト
	ヤマ
バー	パルル
	山脈
	千早

鴨川会館	
喫茶	ニュータカラ
クラブ	園
バー	レイ子
バー	えりか
バー	酔族館

図4-5　《先斗町》の袖看板と会館内の店舗

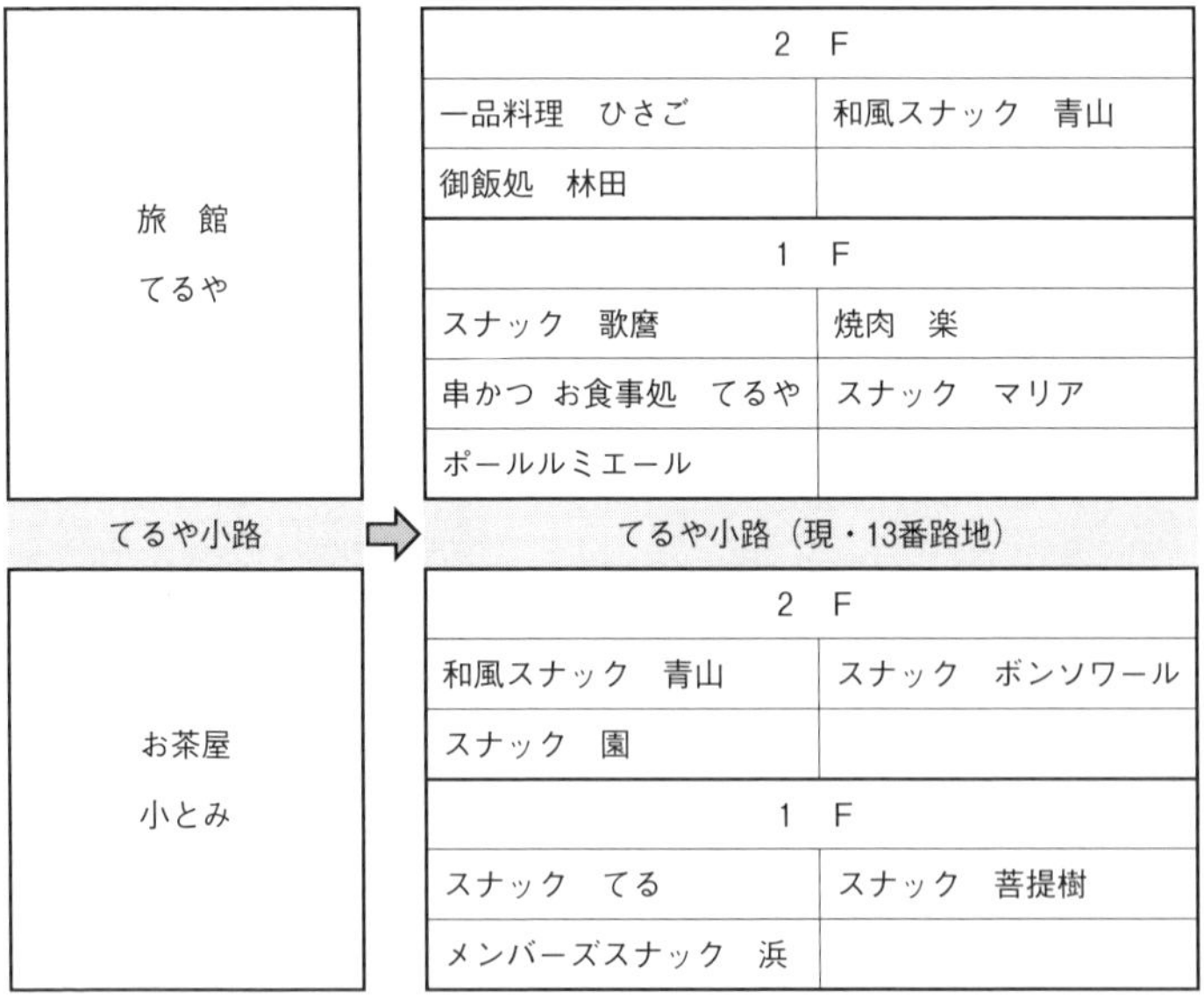

図 4－6　「てるや小路」における建物用途の変化

用途変更を模式的に図化したものである。「てるや小路」は北側の旅館「てるや」にちなむのか、あるいは路地名にちなんだ店名なのかさだかでないけれども、旅館がない現在も「てるや小路」の名が使われている。

　昭和四十年代に、まず北側の「てるや旅館」が、次いでお茶屋の「小とみ」が改装されて、飲食店ばかりの入居する集合建築と化した。どちらも会館とは名のってはいないけれども、一階と二階とで分割されて、なおかつそれぞれの空間が細分化されて飲食店の受け皿となっている。スクラップアンドビルドではなく、既存の建築ストックを細分化して転用するところに、京都歓楽街の特色を見て取ることもできるだろう。

木造建築の転用を基礎とした歓楽街化の波は、鴨川東西の花街をもあらうことになる。

5 変わりゆく花街

(1) 脱花街化／歓楽街化

夕刊京都新聞社発行の『京都年鑑』（一九五八〜一九八二年）には、「花街」の項目が設けられており、府下の主だった花街の概況を二十年以上にわたって知ることができる。[15] それらをもとに、現存する京都五花街における「お茶屋」の経年変化を示したのが、図4－7である。京都市内の花街は、アジア太平洋戦争をはさんで規模を縮小させ、なかには罰則規定をふくむ売春防止法の施行によって、お茶屋の数をいっそう減じた花街（《宮川町》・《祇園東》など）もある。

五花街すべてのお茶屋数を把握できる昭和三（一九二八）年と昭和三十三（一九五八）年とを比較してみると、[16] 戦前、最大の規模を誇った《祇園新地甲部》は二一九件（五九%）、次いで《宮川町》一六五件（五二%）、《先斗町》九八件（五六%）、《祇園東》（旧祇園新地乙部）九一件（四五%）、そして《上七軒》九件（二二%）の減少であった。小規模な廓である《上七軒》をのぞけば、いずれも大きくその数を減らしている。

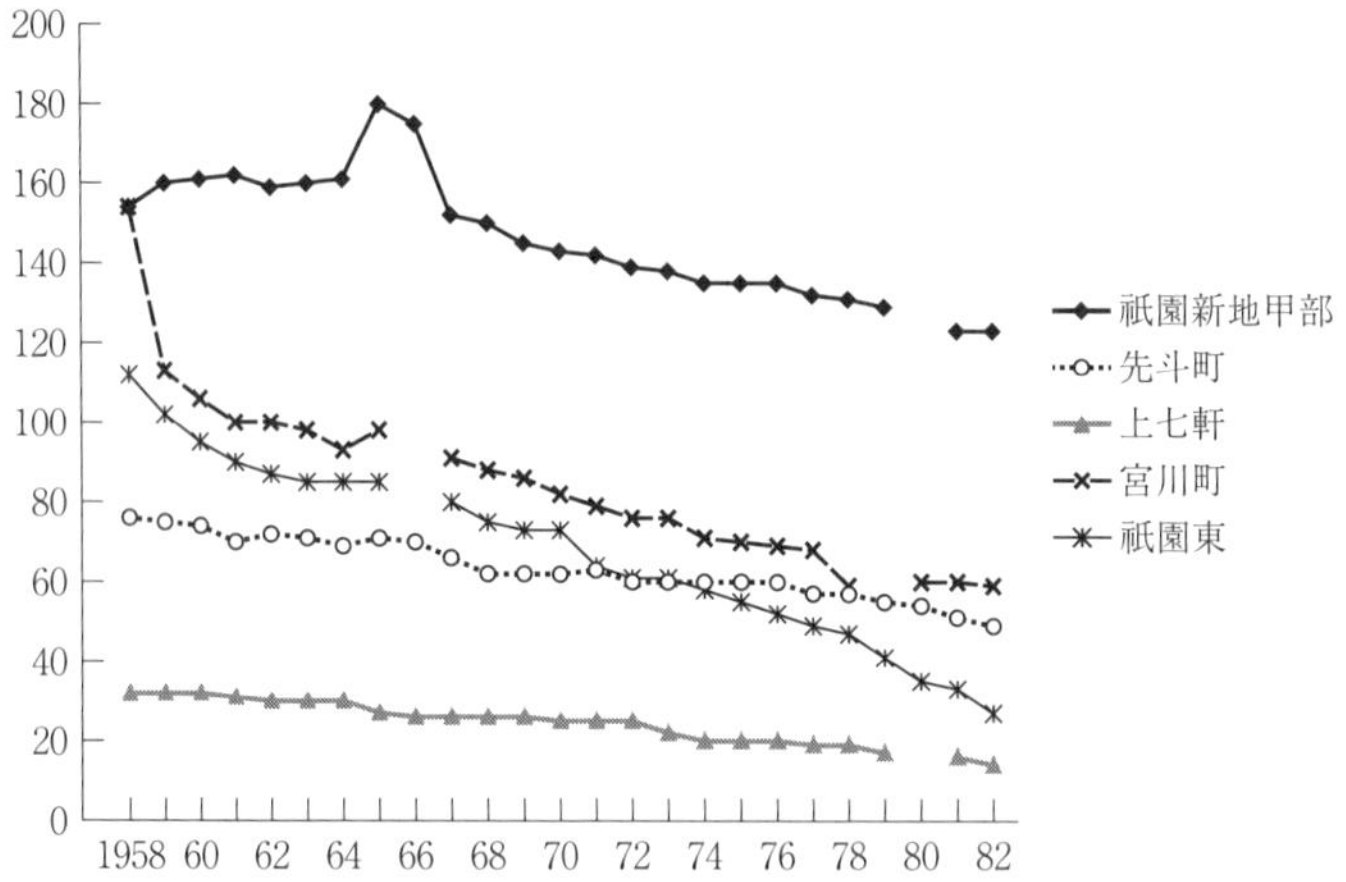

図４－７　五花街における「お茶屋」数の経年変化

次に期首と期末（昭和三十三年／昭和五十七年）を比較してみると、《宮川町》は九五件（六二％）、《祇園東》八五件（七六％）、《祇園新地甲部》三一件（二〇％）、《先斗町》二七件（三六％）、そして《上七軒》一八件（五六％）の減である。数の上では《宮川町》が上回るものの、《祇園東》の減少率の高さが目をひく。じつに四分の三のお茶屋が廃業していたことになる。結果、全体としては二五六件（四九％）の減少であった。

単純に規模という点からみた場合は、半分に縮減したということになるが、いっそう深刻なのは芸妓の数で、三五一人（五六％）も減ってしまった。この時期の花街は（その後も趨勢は変わらないのだけれども）、明らかに衰退産業であったと言わざるを得ない。

次いで、『京都年鑑』の記述にもとづき、

変貌する花街のありようを跡付けてみたい。現存する五つの花街のなかで、昭和三十三（一九五八）年の売春防止法施行によってもっとも大きな影響を受けたのは、《宮川町》と《祇園東》である。前者のお茶屋は二四〇件から一五四件へ、後者は二七〇件から一一二件へと激減した（昭和三十三年四月一日現在）。また、前述したように、その後もほかの三つの花街をふくめ、例外なく規模を縮小させている。このように衰退色が濃厚となった花街は、高度経済成長期にどのような変化を遂げてゆくのであろうか。いくぶん結論を先取りして述べるならば、脱花街化の著しい街と、どうにか景観を保持しつつ、花街としての機能も維持することに成功した街とに二分されるのであった。

脱花街化は、そのまま歓楽街化の過程であったといっても過言ではない。お茶屋と入れ替わるようにして、水商売が花街を席巻するのである。その先駆をなしたのは《先斗町》と《祇園東》であった。たとえば昭和三十年代後半に、《先斗町》については「この通りも近代化の波におされバーのネオンがふえた」とか、「このあたりもバーやナイトクラブが進出し、お茶屋街ムードも年々無くなりつつある」と指摘されている[17]。《祇園東》については、「この界わいも時代の波に押されてバーやクラブが進出、お茶屋の転向組も目立っている」、同じく「最近はバー、クラブなどの進出が目立ってきている」というように、お茶屋に取って代わる「水商売」が花街へと進出していった[18]。

昭和四十年代前半になると、花街の斜陽はいっそう明確となる。『京都年鑑　1967年版』

の「概況」を参照してみよう。

今期の京都各花街にみられる顕著な特徴は若手芸妓、舞妓の減少だろう。芸妓の場合はきびしい稽古ごとやしきたりにしばられるより、もっと即金のはいるバー、料理旅館へ、転身した方がというチャッカリ性がさせるもの[19]。

この年、《祇園新地甲部》の舞妓が三十九人に減少したことで、「終戦後の30人につぐピンチ」とささやかれていたという。お茶屋の減少のみならず、花柳界のもっとも重要な担い手である舞妓・芸妓のなり手もまた不足していたのだ。

一般的なガイドブックにおいても、花街から歓楽街へと移行する時代の趨勢が指摘されている。

近ごろは、祇園でも先斗町でもお茶屋や芸者の数は盛時の半分に近くなり、斜陽の感が深い。お茶屋の座敷にじっと坐っていて、呼んだ芸者たちの来るのを待つというようなスロー・テンポな遊び、またやって来た芸者たちとワッと馬鹿さわぎする、というようなシステムが、時代の感覚に合わなくなつたというようなこともあり、もっと手取り早い、キャバレーやバーの方にお客が流れてしまうわけである[20]。

このような語り口に、見覚えはないだろうか。そう、「現代の青年が、なぜに芸妓を嫌つて、カフエーの女給に走るか?」と自問し、「社会全体が洋風に化しつゝある時代に於いて、芸妓遊びだけが古風な形式を保持しつゝあるのは、それだけでも今日の花柳界が事実上に廃滅してゐることを語つてゐる」と自答した、萩原朔太郎の「新芸妓論」である（第2章参照）。

昭和戦前期、カフエーを取り締まる規則の実施や、昭和十九（一九四四）年二月の閣議決定「決戦非常措置要綱」にもとづく高級享楽機関の停止命令によって、花街（芸妓）対カフエー（女給）という対抗図式はいったんリセットされたものの、戦後、高度経済成長期に入ると、なかば制度的に抑圧されたこの図式が再び回帰し、今度は前者の衰退と後者の興隆という栄枯盛衰があらわとなった。

大阪万博が開催された昭和四十五年前後も、「お茶屋、芸妓とも廃業するものが多いわりに新規は少なく、各花街共通の大きな悩みとなっている」という状況がつづくとともに、「各花街でも、クラブ、バーがふえて町のふんい気をかえてしまうほどで、芸・舞妓の減少に伴って一層苦しくなって」いた[21]。このように花街の衰退と歓楽街化が、同時に進行したのである。

すでにみたとおり、とりわけこの事態が顕在化したのは、《祇園東》と《先斗町》であるのだが、両者の景観上の帰結はあまりに対照的だ。いま《祇園東》を訪れれば、主として飲食系風俗営業の店舗が雑居するポストモダン建築が建ち並び、地区内に点在するお茶屋や元お茶屋の町家を圧倒している。他方、《先斗町》は元お茶屋を中心とする木造建築のスクラップアンドビルドが抑制されており、「まちづくり」への取り組みも盛んなことから、花街の規模が最盛時と比べて約十分の一にまで縮減したことをまるで感じさせないほど、いかにも京都らしい景観（!?）をつくりだして現在にいたる。

このような違いもまた、昭和三十年代後半以降の歓楽街化の過程に起因しているといってよい。《祇園東》については、たとえば、「お茶屋情緒はバーの進出にこわされた」、あるいは「バーの進出がはげしく完全にお茶屋を圧するほど」[22]であったとされている。注目すべきは、「クラブ、バーの進出は資本力を増大させ、会館式の大規模なものがふえた」ということだろう[23]。たしかに《先斗町》にも十一件の〈会館〉が成立するのであるが、《祇園東》はそれをはるかにしのぐ会館集積地となった（終章も参照）。

結果として、《祇園東》は「会館式のクラブやバーが激増し、他の花街とはまったく違った町に変わって」しまい、「歓楽街としての様相が濃く」なったのである[24]。

（2）《先斗町》の変貌

《祇園東》と同様、あるいはそれに先駆けて歓楽街化したのが《先斗町》である。「ひと昔前まで三味線、太鼓、長唄の美声が流れ色町情緒たっぷりだった町筋も、今ではクラブ、バー、飲み屋、お好み焼屋が軒をつらね[25]」、と狭斜の巷の変貌ぶりもまた著しかった。

昭和の初めごろには、お茶屋は百五十軒もあったそうだが、年々減る一方で、いまは七十軒。べにがら《ママ》格子の町並に、歯がぬけたようにバーや喫茶店がふえている。先斗町お茶屋組合の谷口さだこさんは「お茶屋はもう古おす。新しいことを考えんとあきまへん」という。[26]当事者をして、お茶屋はもう古いと言わさしめるほど、花街の衰退はいかんともしがたい状況となっていた。そうしたなかで、「町の俗化を防ぐための町ぐるみの自衛体制」を取るという興味ぶかい動きがあらわれる。

先斗町通の東側は風致地区に指定されているので民家といえども増・改築にはきびしい制限がある。しかし西側から木屋町通までは自由なので、クラブやバーが軒並みということになったのを、これ以上俗化させてはいけないと先斗町を守る会が地元の人たちの手で組織された。新しい町づくりというわけ[27]。

残念ながら、取り組みの具体や組織的な背景まではさだかでないものの、「俗化」する流れをとめることはむつかしかったのではなかろうか……。

ここで、やや時期はずれるが、昭和五十年代前半における《先斗町》を概観しておきたい。昭和五十二年春に『週刊朝日』は特集「'77 春の京めぐり」を組んで、「先斗町大百科事典『おいでやす。おおきに』で暮らす粋な街」という記事を掲載した[28]。この記事に合わせて、住宅地図なども参照しながら、歓楽街化した《先斗町》の姿を確認してみよう。

当時、お茶屋は位置を確認できるものだけで五十四件、その他の元お茶屋建築はほとんどが飲食店に転用されていた。鴨川会館・朝日会館・紫光会館などの、お茶屋転用型会館建築もみられる。前二者には、飲食系風俗営業の店舗が雑居し、紫光会館は「SAMANSA」というディスコとして使われていた。

お茶屋を転用したバーにしても、たとえば次のように、《先斗町》という場所性を最大限に活かした雰囲気の演出につとめていたようだ。

> ここも加茂川べりに面しているため夏には床を出す。そしてホステスたちがみんな涼しげな浴衣でサービスするので、バーといった感じよりも、まるで先斗町の美妓を上げて遊んでいるようで、遠来の客は喜ぶ[29]。

もはや、本物の芸妓は不要だったということか……。しかし、この点とあわせて興味がもたれるのは、同記事には「元芸妓／現役芸妓がママの店」の位置が示されていることである。それらの店舗は、《先斗町》と《木屋町》とをあわせて、計十八件あった。京都の花街に精通した映画監督の吉村公三郎も「祇園町や先斗町にこのごろはやたらにバーがふえたが、これはむかし名の売れていた芸妓がマダムになっているのが多い」と述べている。[30]

元芸妓の店というとき、ただちに想起されるのが、木屋町蛸薬師に立地した「バーよし子」である。

いまバーは木屋町の三条北から四条下ルあたりに密集しているが、その中で光った存在であるのが、木屋町蛸薬師のバー「よし子」である。マダムは平田よし子さん。もとは先斗町で市光という有名な舞妓であった。十四才から舞妓に出ていたが、戦争のために止めた。その後昭和二十六年十月二十六日にバーよし子を始めた。[31]

昭和二十六（一九五一）年というから、先駆的な転身であったといってよい。「フライング・マダム」（空飛ぶマダム）としてその名を知られた「おそめ」こと上羽秀が、祇園の芸妓から落籍された後、寺町四条の有名カフェー「菊水」を経て、木屋町仏光寺に「バーおそめ」を開いたのは、昭和二十三年のことであった。[32]「おそめ」に遅れること三年、《木屋町》のど真ん中に「バーよし子」が進出したわけだ。

元芸妓が店を構えるということについては、作家の川口松太郎が興味ぶかい指摘を残している。

おそめの店も、よし子の酒場も木屋町通りに《ママ》ある。戦前の木屋町筋は、高瀬川沿いの片側町で店屋も少なく、先斗町と背中合せだけに芸妓の屋形が多く、静かな町通りであったのが、今のように酒場が増えて、賑やかになったのは戦争後の事だ。

酒場の皮切りは祇園町のおそめで、それまでは芸妓の上りというと、旅館の女将か料理屋の女房にきまっていたものだが、前例を破っておそめは酒場のマダムになった(33)。

当時、「おそめが酒場を始めた頃には…〔略〕…『芸妓がバーのマダムになるとは何事か』と手きびしい非難を受けた(34)」ものの、そこに《先斗町》の「よし子」がつづいて、元芸妓が花街ないしその周辺に店を開くパターンが、定着していったのである。

イチゲンさんお断わりで、庶民には縁のなかったこれら花街が、われわれにでも足を運べるようになったのが舞妓、芸妓の人手不足から。斜陽化の中で、置屋が店を閉めて貸ビルを建て、お茶屋が座敷を店に改築し、バーやクラブがケンをきそうように看板をあげたためである。

それまでの呑み屋街といえば河原町を中心に、東西は西木屋町から寺町、南北は三条から四条にかけての一帯が代表格だった。だがそれらの一パイ飲み屋やバー、クラブは、別に京の特徴として取り立てていうほど情緒的なものはなく、どこの都市にもある繁華街のそれと同じである。ところが、鴨川をはさんだ二つの花街のまん中に、酒場が軒をならべるようになって、京の酒場地図はぬりかえられたといえる。[35]

ここでいう「京の酒場地図」の塗り替えとは、最初期に「歓楽街」化した《木屋町》を中心とする一帯から、水商売の立地展開が「花街の真ん中」へと空間的にシフトしたことを意味する。そうしたバーやクラブといった水商売それ自体は「京都らしさ」を表象しないものの、それらが旧来の花街に立地すること、そしてなかには元芸妓などの花街関係者が営業しているところに特色があるというわけだ。

現在につらなる街のありようが、昭和四十年代なかばに確立されたのである。

6　「歓楽街」成立の地理的基盤

河原町の路地でも、自動車の入る横町はだんだん開けて、旧態が失われ、小さなバーがむやみと増え、京都らしくない安普請の家が多くなった。[36]

前節で詳細に検討したように、戦後京都における「歓楽街」は、まず三条～四条間の西側を主とした東西木屋町――通称《木屋町》――に登場し、それに少し遅れるかたちで《先斗町》

や《祇園東》に代表される花街とその周辺に成立した。後者が旧来の遊興空間に接ぎ木された歓楽街であったとすれば、前者は「今でこそ木屋町のあたりは、バーや料理屋の集まった繁華街になったが、むかし高瀬川がまだ運河としての機能を発揮していて、ホイホイ舟がさかんにゆききしていた頃は、この辺は材木屋が多かったのでこの名がついた」という語りにも示されるように(37)、あるいは川口松太郎の指摘をふまえても、戦後になって生まれた新興の歓楽街――ネオンまたたく夜の街――であったといってよい。

ここであらためて、木屋町通と高瀬川の来歴を簡単に振り返っておこう。

…〔略〕…茲の西手の流れが高瀬川といひ、二条より鴨川の水が分岐して、南の方伏見に達し淀川に入る、即ち慶長年間角倉了意〔了以〕翁の開疎せし処にして、百貨運輸の通路である、この沿岸一帯に柳を植へ緑樹青々として居る、其傍を電車が常に往復して居る、此通を木屋町と云へども二条より三条迄の間を上木屋町と称し四条より松原迄を下木屋町と呼び共に貸席《せきがし》兼旅館が軒を並べて居る…〔略〕…(38)

角倉了以によって開発された高瀬川は、舟運によって「百貨運輸の通路」となっていた。さらに明治二十八（一八九五）年、二条〜五条間に京都電気鉄道木屋町線が開通したことで、木屋町通は幹線道路としての役割もはたすようになる。

もうひとつ注目しておきたいのは、花街の遊びにもあきた粋筋がこっそりと利用する席貸街《上木屋町》・《下木屋町》が、三条〜四条間をはさみこむように形成されていたことだろう。《先斗町》と背中合わせの位置にあるにもかかわらず、三条〜四条間の木屋町通に面した街区だけが、艶のある空間とは（とりわけ表通りは）無縁であったのだ。では、そこにはなにがあったのか。

高畑醤油店、辻長醤油店、野々山醤油店、醤油ビールを販売せる赤松吉兵衛、醤油と薪炭商の日夏為四郎、醤油問屋の島卯之助、井上文醤油店、小田佐洋酒店、松本酒店等(39)

高瀬川の舟運に依拠した醤油問屋が軒をつらねていたのである。舟運それ自体は大正九（一九二〇）年に終わりをつげるけれども、「京都市明細図」（総合資料館版）をみると四条木屋町上ルには醤油商二軒と酒商三軒とが立地している。

周辺に目をむけると、西木屋町の一帯が赤色に着色された区画（商店）で埋め尽くされ、主としてブロックの中心部に緑色の区画——いわゆる「路地」（ろぅじ）——も分布している。河原町通に面した表通りには物販を中心とした小売店が建ち並ぶ一方、〈裏町〉ともいうべき西木屋町には「パーマ、スタンド、バー、飲食、喫茶、サロン」など、おもにサーヴィス業が集積していた。

第2章の「飲み歩き」コースに垣間見られたごとく、河原町通と高瀬川のあいだには、とりわけ四条通に近い路地には腰掛料理屋が進出して、すでに呑兵衛横町と化していた。また、カフエーも昭和八（一九三三）年の段階で「多額の費用を要する表街に設置困難なるものありて漸次裏街に移転する趨勢」がみとめられたので、戦時下の断絶をはさむにせよ、立地の上ではある程度の連続性があったものと考えられる。

ただし、「火災保険地図」（一九五四年）を参照すると、たしかに「バー」の散点立地していることもわかるが、この段階では住宅や一般の商店の方がはるかに多い。やはり、「京都も近頃は、なかなかバーが多くなった」、「祇園や先斗町などの色町は、昔に比べて半分ぐらいに数が減ったが、反対にキャバレーやバーはなかなか数がふえている」(40)という指摘は、昭和三十年代にあてはまるものと考えてよい。

前出の『カメラ京ある記』では、「四条小橋・立誠小あたり」として、「なにしろ五、六百軒のバーや小料理屋、喫茶店、パチンコ屋などがごったがえす歓楽地帯」である一方、「四条以南の下木屋町、三条以北の上木屋町には、さすが昔ながらの木屋町情緒がほのかににおい」(41)と、同じ木屋町通でも明確な空間分化の起こっていたことが指摘されている。《上木屋町》ならびに《下木屋町》ともども、近代京都の代表的な席貸街であり、いわばその中間にあたる醬油問屋の建ち並ぶ「静かな」片側町であった《木屋町》が、「歓楽地帯」となったのだ。あらためて繰り返すならば、「過去の存在を無視し、京都的なものを否定」するかのように生まれた

「新しい場所」、それが《木屋町》である。

このようにみてくると、《木屋町》成立の地理的な条件は、河原町通、四条通、《先斗町》、三条通に囲まれた〈裏町〉でありながら、アクセシビリティの高い場所性にあったと思われてくる。京都の場合、大規模な戦災を被ることなく、木造建築のストックは戦後に引き継がれており、《木屋町》もその例外ではなかった。「京都市明細図」や「火災保険地図」で確認しても、戦後、表通りに「水商売」が立地する傾向はまったくみられず、《木屋町》の路地に展開している。商業地区としての繁華性とそのポテンシャル、そして交通の利便性などによって、バーを主としたサーヴィス業が呼び水となり、既存のストック（町家）を活かしながら集積を促進したのではないだろうか。

また、市電の路線付け替えで表通りの機能を失った木屋町通に、戦後いちはやく《先斗町》から進出したのが「バーよし子」であった。川口松太郎も指摘するごとく、彼女の木屋町通における成功はある意味で模範となって、いっそうの集積を促したに違いない。

「寺町や新京極が、明治の時代の盛り場であるとすると、河原町や木屋町は、昭和の時代の盛り場といえよう」[42]――《木屋町》が「昭和の時代の盛り場」、もっと言えば歓楽街になり得たのは、交通繁華な道路、そして中心商店街と花街とに囲繞された〈裏町〉という空間性ゆえのことであった。

〈裏町〉の空間性は、《祇園東》にもほぼそのまま当てはまる。昭和二十年という戦時末に強制疎開によって拡幅された花見小路、四条通、東大路、新橋通に囲まれた《祇園東》では、お茶屋がこれら表通りに立地することはなかった。《祇園新地甲部》に比べれば知名度はさほど高くはなく、しかもその範域は目抜き通りの四条通からはなかば隔絶された地区内の北東部に隠れこもるように小さくまとまり、まるで迷路のように路地が入り組む場所も少なくない。そしてなによりも、旧称である《祇園新地乙部》以来の場所イメージも強く作用したことだろう。売春防止法の全面施行後、規模を著しく縮小しながら、新たなる水商売の街へと衣替えし、バブル期にはポストモダンの装いをまとって《祇園新地甲部》とはあまりに対照的な景観を現出したこともまた、社会空間的な〈裏町〉ゆえのことであったと言えはしまいか。

〈裏町〉という空間性が、歓楽街を成立させたのだ。

注

（1） 花房観音『愛欲と情念の京都案内』ＰＨＰ研究所、二〇一六年、一二〇頁。

（2） 吉見俊哉『都市のドラマトゥルギー 東京・盛り場の社会史』弘文堂、一九八七年。分野を問わず、多くの研究が蓄積されているが、地理学に関しては以下の文献を参照されたい。牛垣雄矢「地理学を中心とした盛り場研究の現状」（『地理誌叢』第五十巻第一号、二〇〇八年、五三-五九頁）。

（3） 杉村暢二「歓楽街と中心商店街との関連」（『東北地理』第二十巻第四号、一九六八年、二二八-二三四頁）。

（4） 前掲、杉村暢二「歓楽街と中心商店街との関連」、二二八頁。

(5) 前掲、杉村暢二「歓楽街と中心商店街との関連」、二三〇頁。

(6) てるおか・やすたか（暉峻康隆）は、「水商売」を次のように定義している。すなわち、「すでに禁止された赤線、青線、日本の政治家にとって必要かくべからざる待合と芸者、それにつづくキャバレー、バー、特殊喫茶、一ぱい飲み屋、およそ色と酒を売り物にして収入の一定しない、不安定なること水のごとき薄情の商売」である、と（てるおか・やすたか『すらんぐ（卑語）ネオン街から屋台まで』光文社、一九五七年、三八頁）。本章の主題となるのは、キャバレー以下の部分ということになる。

(7) 高木光「歓楽的雰囲気を醸しだす方法――許可と届出、風俗営業と風俗関連営業――」（『法学教室』第二一五号、一九九八年、五九-六四頁）。

(8) 警視庁防犯部保安課『風俗営業等取締法及び同法施行条例の解説』、一九五九年、二頁。

(9) 永井良和『風俗営業取締り』講談社選書メチエ、二〇〇二年。

(10) 近畿電気通信局編『京都市職業別電話番号簿（三十八年九月一日現在）』近畿電気通信局、一九六三年。同書は、戦後の職業別電話番号簿としては最初に発行されたものである。

(11) 朝日新聞京都支局同人会編『跡 続・カメラ京ある記』淡交新社、一九六一年、一八五頁。

(12) 朝日新聞社京都支局編『カメラ京ある記』淡交新社、一九六四年〔初版一九五九年〕、八、三〇頁。

(13) 三輪良平「高瀬川」（『洛味』第五十八集、一九五六年、五二-五三頁）、五二頁。

(14) 前掲、三輪良平「高瀬川」、五二頁。

(15) 都新聞社が一九四九～一九五四年に発行した『京都年鑑』、ならびに京都新聞社が一九八三～一九八五年に発行した『京都年鑑』には（一九八三年の発行分を除いて）、いずれも「花街」の項目がない。

(16) 昭和三（一九二八）年のデータは『技藝倶楽部』（第六巻第九号、一九二八年、三八頁）による。

(17) 『京都年鑑 1963年版』、一六三頁。『京都年鑑 1964年版』、一八〇頁。

(18) 『京都年鑑 1964年版』、一八一頁。『京都年鑑 1965年版』、一四三頁。ただし、図4－7を参照すると、この時期は一時的にお茶屋が増加している。これは、昭和三十九（一九六四）年開催の東京オリンピックの余波であったという。

(19) 『京都年鑑 1967年版』、一三五頁。

(20) 臼井喜之介『京都味覚散歩』白川書院、一九六三年〔初版一九六二年〕、八八頁。

(21) 『京都年鑑 1969年版』、一六六頁。『京都年鑑 1970年版』、一七三頁。『京都年鑑 1971年版』、一七八頁。

(22) 『京都年鑑 1969年版』、一六六頁。『京都年鑑 1970年版』、一七四頁。

(23) 『京都年鑑 1971年版』、一七九頁。

(24) 『京都年鑑 1972年版』、一七五頁。

(25) 大岡良之「京の呑ませどころ」（創元社編集部編『京都味覚地図 1975年版』創元社、一九七五年、一六六－一七三頁）、一六九頁。

(26) 前掲、朝日新聞社京都支局編『カメラ京ある記』、二八頁。

(27) 『京都年鑑 1972年版』、一七五頁。

(28) 『週刊朝日』第八十二巻第十三号、一九七七年、八七－九五頁。

(29) 前掲、臼井喜之介『京都味覚散歩』、八六頁。
(30) 吉村公三郎『京の路地裏』岩波現代文庫、二〇〇六年、一〇頁。
(31) 前掲、臼井喜之介『京都味覚散歩』、三五四頁。
(32) 石井妙子『おそめ 伝説の銀座マダム』新潮文庫、二〇〇九年。
(33) 川口松太郎『古都憂愁』桃源社、一九六五年、二六九頁。
(34) 前掲、川口松太郎『古都憂愁』、二七〇頁。
(35) 前掲、大岡良之「京の呑ませどころ」、一六六‐一六七頁。
(36) 前掲、川口松太郎『古都憂愁』、二四五頁。
(37) 前掲、臼井喜之介『京都味覚散歩』、六九頁。
(38) 京都出版協会『二十世紀の京都 天之巻』京都出版協会、一九〇八年、九五‐九六頁。
(39) 前掲、京都出版協会『二十世紀の京都 天之巻』、九八頁。文中に読点を補った。
(40) 前掲、臼井喜之介『京都味覚散歩』、三五四頁。
(41) 前掲、朝日新聞社京都支局編『カメラ京ある記』、八頁。
(42) 前掲、臼井喜之介『京都味覚散歩』、九七頁。

第5章　《裏寺町》の空間文化誌

1　「ぼんや」をめぐる語り

(1) 文学作品と場所イメージ

場所にはさまざまなイメージがともなわれる。イメージなき場所など存在しない、といったら言いすぎだろうか。場所の個性は繰り返し（再）発見されるなかで、そのつど特定の解釈がなされたり、新たな意味を付与されるなどして、そのイメージを拡散させてゆく。観光者のまなざし《ツーリスト・ゲイズ》を惹きつけてやまない京都は、イメージの総和を――たとえば〈古都〉という一語に表象される――ひとつの大きな物語に素知らぬふりをして回収させつつ、そのじつとんがった剰余をいくつも生み出しては空間を分節し、場所の種別性に応じたイメージをつくりあげる。

場所イメージの形成に対して「文学の果たしている役割は決して小さくない」ことを指摘したのは、日本におけるサウンドスケープ論のパイオニアである中川真であった。中川は、その著書『平安京　音の宇宙』のなかで、次のように述べている。

その構造には、文学同士の影響関係と、文学（著者）と社会（読者）との相互作用という、二層性が考えられる。つまり、ある場所のイメージは文学のなかで描かれることで定着し、後代の文学はそれを引き継ぐことによって読者の理解の地平をあらかじめ確保する。読者はそういう文学の話法や用語に親しむことにより、方向づけられたイメージのなかで安心して想像の翼を広げる。このような循環のなかで、特定のイメージが増幅されるのである[1]。

平安京にさかのぼる文学史を有する京都にあって、文学作品を通じて定着した場所イメージは少なくない。近代以降にかぎってみても、たとえば特定の花街をめぐるイメージは、入洛した小説家たちの作品や語りなどによってつくりあげられてきたことがわかる。本章では、まず中川による文学を絡めた場所イメージの形成論を念頭におきながら、ある裏町のイメージに着目してみたい。それは、河原町通と新京極通とにはさまれた裏寺町通――通称《裏寺町》――についてである。

(2) 成瀬無極の叙景

最初に参照するのは、ドイツ文学者の成瀬無極による叙景である。明治四十一（一九〇八）年に京都帝国大学に着任した成瀬は、京都生活十年の節目に『東山の麓より』という随筆集を出版する。

東京出身の若き帝大教員の目に、《裏寺町》はどのように映っていたのだろうか。

さて、この京で一番明るい新京極の裏には暗い京でも一番暗い通がある。裏寺町通といふのがそれである。幅一間半位の狭い裏通であるが明るく賑かな京極通からふとこの裏通へ紛れ込むとまるで晴やかな眩しいやうな宴会の広間から俄に暗い湿つぽい地下室へ降りたやうな気持がする。ぞつと冷たいやうに感じる。それほど明暗の差が甚だしい。寺町といふ名に背かず、東側には寺が多いが西側には、不、思、議、な、家、が、軒、を、並、べ、て、ゐ、る。[2]

この描写は、ある種の心理地理学といってよい。というのも、地形（土地の起伏）とは無関係に心理的な起伏をともなう場所感覚を発露させているのだから。このとき想い出されるのは、織田作之助の次のような文章である。

その正門を一歩はいると、まるで地面がずり落ちたような気がする。敷居をまたいだせいかも知れない。夜ならば、千日前界隈の明るさからいきなり変ったそこの暗さのせいかも知れない。が、いっそ言えば、法善寺のややこしいマントにふわりと吸い込まれたその瞬間の錯覚であろうか。[3]

これはこれでドイツの思想家ヴァルター・ベンヤミンの敷居にまつわる想像力を喚起させてくれるのだが、いずれにしてもモダン都市の遊歩者たちは夜の盛り場における明と暗にとても敏感であった。

成瀬無極が目をむけたのは、暗い京都にあってもっとも明るかった新京極との対照性である。歴史性を異にする空間の並置が明と暗を際立たせたのかもしれない。当時はまだ、現在のように繁華な河原町通は開通していない。秀吉による都市改造期に成立した寺町通と同様、裏寺町通の開発は十六世紀末の天正年間にまでさかのぼるという。(4) 明治初年に開発された新興の盛り場である新京極は、旧来の寺町通以上に裏寺町通を文字通り「裏通り」へと追いやった。

裏寺町通の東西両側に寺院は立地するものの、成瀬は東側に寺が多いという。実際に歩いてみると、たしかに東側のほうが目につく――塀や門もふくめて。注意すべきは、傍点をふって強調しておいた、それにつづく「西側には不思議な家が軒を並べてゐる」というくだりである。いま西側の家並みに気を付けて歩いてみても、とくだん「不思議な家」はみあたらない。では、「不思議な家」とは何なのか。成瀬自身は次のように観察している。

……〔略〕…体を横にしなければ入れないやうに見える狭い入口には家の紋を染め抜いた黒や紺や浅黄の暖簾がたらりと下つてゐる。…〔略〕…薄暗い行燈には「席がし」とか「待あひ」とか如何にも世間を憚るやうに書いてある。(5)

家紋を染め抜いた暖簾、そして「席がし」(＝席貸)やら「待あひ」(＝待合茶屋)と書かれた行燈のかかる建物。このあと成瀬は自ら言葉を足して大阪の「盆や」に類する営業だと述べているのだが、それらは実際のところ京都でも「ぼんや（盆屋）」と称される、のちの連れ込み宿のプロトタイプとなるような席貸の一種であった。[6]

「ぼんや」の立地する《裏寺町》――ここには二つの問題がある。ひとつは「ぼんや」が軒を並べていたのは南北約四〇〇メートルにわたる街路のどのあたりか、という立地にまつわる問題。もうひとつは場所イメージが「文学のなかで描かれることで定着」するためには、成瀬無極の随筆だけではたりない、ということだ。

（3）裏町の京都らしさ

《裏寺町》の「ぼんや」を小説のなかで描いた人物がいる。明治の末年から京都の花街に深くなじんだ小説家、長田幹彦である。生年からすると、成瀬無極と同時代人といってよい。

京極の裏町には盆屋といふのがあつて、まるで西鶴そのままであつた。淡い蝋燭の光の中で牛屋の女中や、小料理屋の女中と出会ふのである。[7]

これは長田の「京都に於ける売笑制度」という興味ぶかい小論から引用した文章で、冒頭にある「京極の裏町」とは新京極の裏通りにあたる裏寺町通とみてまちがいない。その《裏寺町》に立地する「ぼんや」は、井原西鶴の作品世界そのものであったという。

長田は代表作のひとつである『祇園』のなかでも「ぼんや」のある裏寺町通を描いていた。長くなるが引用しておこう。

> ひとまはりその町を見廻つた末、桂井氏は、
> 「こんな処は東京の方には珍しうないさかい、もつと京都らしい処へ行きまへう。」と弁解らしく言つて、その儘《まま》抜け裏のやうな小路をぬけて真暗な裏通りへ出た。祇園社の御旅所《おたびしょ》で毎年祇園会のさなかに行はれる無言詣の話などを面白く語つて聞かせながら歩いていくと、やがて片側は暗い寺々の練塀《ねりべい》で片側は軒の低い陰気な家の続いた異様な町へ出た。
> 「これがつまり、盆家いふて、一番格の悪い席貸しどす。東京やつたら極く下等な待合どすな。まあ肉屋の仲居とか、店々の年季者とかいふ者の出逢ひをする家でな。」と桂井氏はその一軒の家を指しながら説明した。
> と、みると、煤けた窓格子の端に一尺ばかりの薄暗い小行燈が点つてゐて、その光の届かぬ暗い出入口には色の褪めたやうな古びた暖簾がかけてある。真暗な家のなかは住む人もないのかと疑はれるほどひつそりと静まり返つてゐて、時折二階の小窓から行燈の火影に古屏風の端などがほのみえてゐる家もある。京極の明るいイルミネーションの残映はその町筋にぼやけたやうな怪しげな薄明りを漂はせて、処々寺の練塀がうつすら闇に浮き上

つてゐるさまを見ると、私は妙に皮肉な矛盾を覚えて、歓楽と、死の宗教と、そして零落れ果てたこの恋愛の境地とを極めて低級な標準の上に置いて、それに京都といふ私の美しい憧憬を対照させて見ずにはゐられなかった。(8)

一行目にある「その町」とは、新京極である。主人公を案内する地元京都の通人は、新興の盛り場である新京極をありきたりの場所であるとし、「京都らしい処」へといざなう。案内者に連れられて行き着いた、小路を抜けた先にある「真暗な裏通り」を、主人公は「異様な町」と感じ取った。片側は寺院の練塀である。(9)

そして、もう一方が「軒の低い陰気」な家並みということになれば、成瀬無極の説明にあるごとく、前者が東側、後者が西側ということになろう。そこに建ち並ぶのは、またしても「ぼんや」である。

京都の席貸に精通していた長田幹彦だけに、「格の悪い」という位置づけは正確であるとみてよい。それは主人公の抱く「美しい憧憬」とはあまりに対照的な、歓楽（＝新京極）と死（＝寺院の墓地）とが隣り合う性愛の空間であった。

このように長田幹彦の作品においても、並列関係にある空間の明と暗が描かれる。だが、「ぼんや」は西側にならぶというばかりで、立地はいまだ不確かなままだ。

(4) 繰り返される語り

戦後京都の席貸事情に通じ、さまざまなタイプの席貸を随筆のなかに登場させた劇作家の北條秀司も、《裏寺町》の「ぼんや」を描いたひとりである。

この道もずいぶんと変貌したものだ。お寺の門前にのみ屋ができ、なかには門内の本堂の近くまで店を拡大しているのもある。戦争前まではヒッソリとした裏通りで、わたしの好きなあるき道のひとつだった。ことに冬が近づいたいまごろがよかった。両側に寺が並んでいたから、日が暮れると、もう夜ふけの暗さだった。その物寂しい環境を利用して、寺と寺との間の小家が、ボン屋という商売をしていた。いまでいう温泉マークである。問屋の手代と女中、機屋の職人同士、小料理屋の仲居と情人といった市井男女が主たる客筋だということで、時おりそうした忍び逢いの人影が、そっと暖簾を潜ってはいるのを見かけると、なにかそれが近松の浄瑠璃に出て来る男女のようにおもわれて、微笑ましい思いがわいたものだ(10)。

冒頭の「この道」が裏寺町通である。偶然に出会った旧知の女性と歩を北へ進める場面だ。戦後の「変貌」ぶりは、「京都市明細図」(総合資料館版)の大龍寺付近をみればわかるし、現在も境内にくいこむように立地している狭小な店舗に、往時の残影をかろうじてみてとることもできる。

北條もまた、《裏寺町》を「ヒッソリとした裏通り」であったとし、夜の「暗さ」をことさらに強調した。おもしろいのは、この「物寂しい環境」こそが「ぼんや」の成立する空間的な条件になったという彼の指摘である。市井の男女（「問屋の手代と女中、機屋の職人同士、小料理屋の仲居と情人」）が忍び逢うには、うってつけの立地というわけだ。そっと暖簾をくぐる姿を「微笑ましい」と思うあたり、成瀬無極や長田幹彦の心性とはあきらかにちがっている。「近松の浄瑠璃」世界というよりは、むしろこちらの方が西鶴的なのかもしれない。

ちなみに「温泉マーク（♨）」とは、本来は地図記号であるのだが、カタチがクラゲを逆さにしたようにみえることから「サカサクラゲ」とも呼ばれ、連れ込み旅館を指す隠語としてもちいられていた。

さて、くだんの「ぼんや」である。北條の説明はじつに明快だ。

暖簾を潜ると直《す》ぐ階段があり、二階の小間に上がれるようになっている。警察への言いわけに夜具は置かず、商談を了《お》えると階段を下り、そこの板の間に置いてある塗盆の上へ部屋使用料を置いて出る。それでボン屋というのどすと、だれかに教わったことがあった。(11)

「ぽんや」もまた、レンタル・スペース業の一種である。[12] おそらくは座布団が置かれただけの部屋の室料を、客は帰り際に盆のなかに入れて出るという、シンプルきわまりない同伴旅館の祖型なのだった。

ここで、みたび問題となるのは、「寺と寺との間の小家」がどこに位置するのか、ということだ。三人の文人たちは、《裏寺町》に建ち並ぶ（あるいは点在する?）「ぽんや」をいったいどこでみていたのか。

(5) 桝形道路の夜景曲

京都の都市地理を考えるうえで厄介なのは、地名としての「~通」（街路名）である。たとえば、第4章で取り上げた《木屋町》にしても、それはあくまで特定のイメージを惹起するような場所の空間的ひろがりを指し示す通称であって、けっして町名ではない。二条通から五条通へといたる高瀬川左岸の木屋町通を、その機能（席貸の集積）と場所イメージ（粋な町）とに応じて、二条~三条間を《上木屋町》、四条~五条間を《下木屋町》と空間的に分節して呼びならわしてきたことなどは好例である。はからずも、空白となる三条~四条間を埋め合わせるように歓楽街が誕生し、《木屋町》と呼ばれるようになったのだ。

木屋町通ほどではないにせよ、南北に延びる裏寺町通を《裏寺町》と称する場合、それは通りの全体なのか、あるいは部分を指すのかが不確かになる。では、もういちど訊こう――「ぽんや」はどこに。

ありがたいことに、「ぼんや」の立地を詩的に――地理的には明確に――説明してくれる随筆が存在する。

まづ、裏寺町の地形から――青赤《ゴーストップ》と注意の信号塔が間断なく電車と自動車の筬《おさ》を織らせてゐる四条河原町の交叉点の西を上に向いて、昼夜銀行の横をどんと突当たると大龍寺、塀について廻つて忍冬湯から一直線に上に出て、お半長右衛門の墓のある誓願寺の墓地に出るまでの間、第一の十字路蛸薬師を越え、次ぎに六角をわたつて長さ約五町の一本路だが、この夜景曲の詩源地ともいふ永楽亭横の桝形道路を中心に紅艶なまめかしい情痴の世界が覗かれるのである。

……〔略〕……

午後五時、また誓願寺の鐘が鳴る。

……〔略〕……

そのころからぼん屋の行燈に灯が入る――桝形道路にH、K、A、Tと四軒ある。他に散在して都合八軒――

「散歩しよう」といつて女を連て来る男も少くない。八時から九時ごろ、桝形道路の暗闇を時々女が駆てゆくのを見かける。(13)

これは、「裏寺町夜景曲――お寺の鐘を伴奏に闇と行燈の交響曲」と気どって題された随筆からの引用で、執筆者は近傍の映画館「帝国館」に属する脚本家の野村雅延であった。野村は四条河原町の交差点から、昼夜銀行（現・みずほ銀行の位置）と老舗の呉服店「ゑり善」のあいだ、通称「うすさまずし（烏須沙摩辻子〔図子〕）」へと歩をすすめる。大龍寺にまつられた「うすさま明王」にちなんだ路地名である。大龍寺は郊外へと移転し、跡地がＯＰＡとなった現在、塀だとか暗さを感じることはない。

「忍冬湯（しのぶゆ）」は、序章でみた（そして終章でも取り上げる）現在の「しのぶ会館」である。ここから北へと一直線、新京極通を挟んだ東西でズレのある蛸薬師通と六角通をこえて、裏寺町通のほぼ北端にあたる誓願寺の墓地まで……。

この道行きのポイントは、野村が「詩源地」と呼ぶ「永楽亭横の桝形道路」にほかならない。「永楽亭」の位置についてはこのあと確認するが、裏寺町通の北部には、地図をみればいっけんしてそれとわかる「桝形道路」がある。大善寺を取り囲む方形の街路だ。

この「桝形道路」を中心に八軒もの「ぼんや」が集積して、「紅艶なまめかしい情痴の世界」をつくりあげていた。「ぼんや」の名はアルファベット一文字にして伏せられているものの、これまたありがたいことに、伏せ字を起こすことのできる地図が存在する。市民風景社編「京極と其附近案内」（一九三四年）である。[14]

この地図には「大善寺」を取り囲む「桝形道路」、そして席貸の位置がはっきりと描かれて

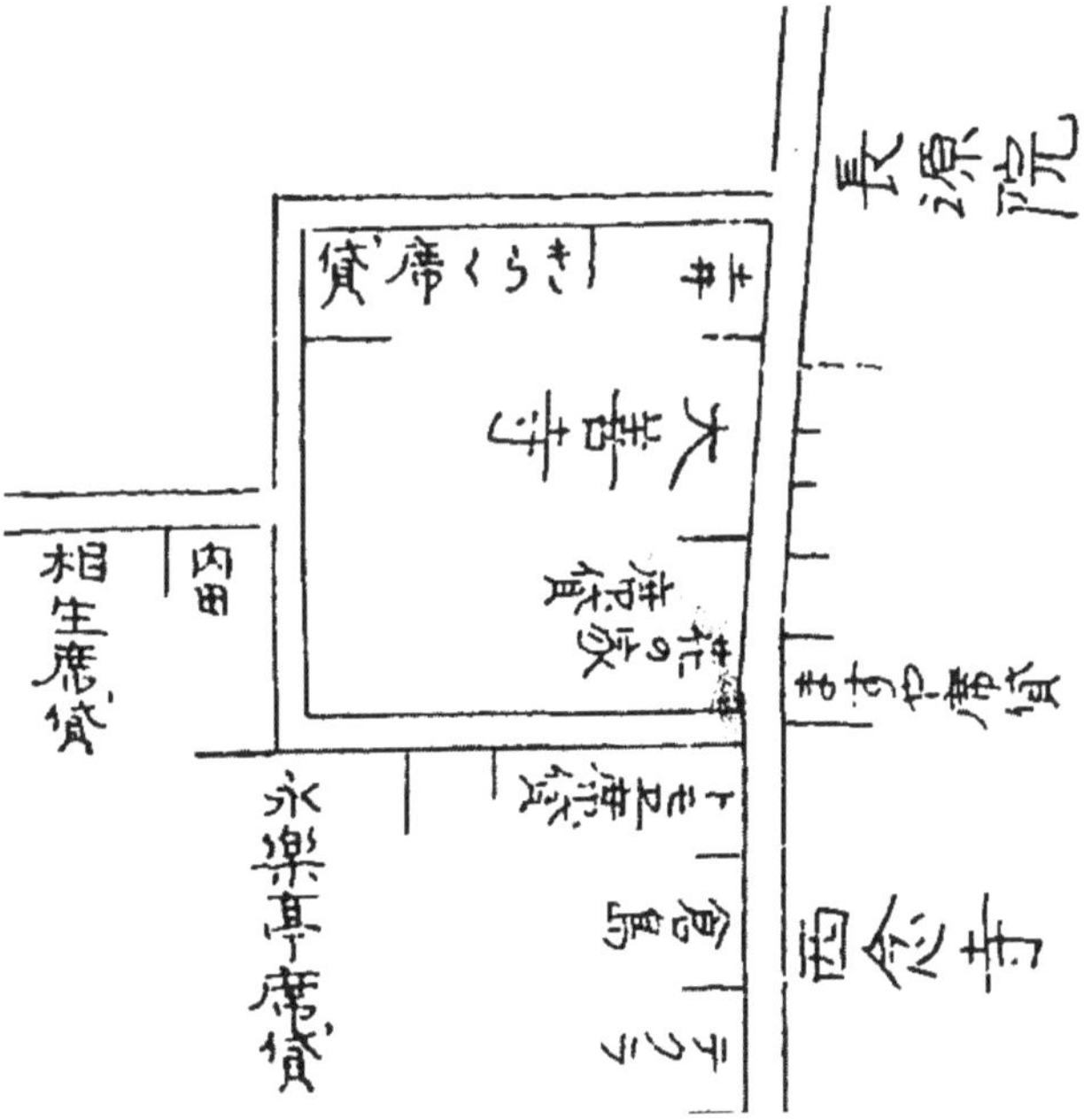

図5－1　大善寺の桝形道路

いる（図5－1）。明記された「永楽亭席貸」は図幅の南西（左下）にみえる。周辺の席貸をひろってみると、「花の家席貸」（H）、「きらく席貸」（K）、「相生席貸」（A）、「トモエ席貸」（T）と、頭文字はすべて一致するではないか。花の家の向かいには「ますや席貸」もある。

この図の範囲ではないけれども、少し南に下がったところには、西側に「寿席貸」を見て取ることもできる。まさに寺と寺にはさまれた立地だ。

文人たちの描いた「ぼんや」街は、この桝形道路だったのだろうか。いま訪れても、往時の面影を残す建物がいくつか残っている。

2　東西〈都〉の酒場風景

(1)《裏寺町》のはしご酒

…〔略〕…電車で一日四條小橋まで往つて、そこから新京極の方へ入つてゆくと、その辺の路地裏の抜け道になると、鶴岡は田原よりも、ずつと明るい。彼は田原の先に立つて歩きながら、大阪なら道頓堀の法善寺裏、東京なら白木屋裏の食傷新道か、浅草の千束の通といつたやうな、狭い巷路に這入つていつた。一寸一杯、おでん燗酒の暖簾を掛けた小料理屋が軒並つゞいた、ガラス張りの小障子の外から甘さうな越前蟹の大きな足だの、桜章魚の真赤な奴などが食道楽の食欲を唆るやうに飾つてあるのが見える[15]。

これは、近松秋江『二人の独り者』（一九二三年）の一場面である。独身者たる二人の主人公（田原と鶴岡）は雪模様の空を案じて、丸太町・寺町から市電に乗り込む。当時はまだ河原町通が拡幅されておらず、寺町通を南下する電車は二条で東へと折れ、そこから高瀬川に沿って木屋町通を南に下がり、四条小橋にきたところで二人は降り立った。

四条通を西にすすみ、新京極のほうへと入ってゆく二人。「路地裏の抜け道」というのだから、裏寺町通だったにちがいない。そこは、大阪の法善寺裏（現在の法善寺横丁）や東京日本橋の白木屋裏にたとえられる飲み屋街であった。原著では「巷路」に「かうぢ」と読み仮名がふられている。この「狭い巷路」（＝小路）は、現在の「柳小路」と思われる（詳細は後述）。鶴岡はなんの迷いもなく「ついと頭で、章魚の足と蛤とを赤と白とで染めぬいた暖簾を分けて、其処にあつた江戸兒バーといふ小料理屋」へと入った(16)。

店内には「狭い土間の卓《テーブル》」や「四五畳敷けるほどの座敷に幾つも並べた餉台《ちゃぶだい》」があって、鶴岡と顔見知りの先客たちが一杯やっている。二人は蟹《かに》、海鼠《なまこ》、蛤《はまぐり》の汁、章魚《たこ》と芋の甘煮《うまに》、海鼠腸《このわた》などを注文し、鶴岡ひとりが燗酒をぐいぐいと飲む。酒の銘柄まではわからない。田原は下戸だ。

注文を取りにきた店員の女性（「襷掛けの姐さん」）は、「耳に珍しい東京弁」をしゃべったという。京都の《裏寺町》にあって「江戸兒バー」を名のるゆえんであろうか。この点については、あとでもう一度ふれることにしよう。

熱燗を三、四本空けたところで勘定をすませた鶴岡は、田原を次の店へとさそう。

「もう一軒此処より、ほんとの、酒の好きな者ばかりゆく面白い処が此の先きにあるんだ。

そこへ行つてみようか、そこの親父が非常に愉快な奴なんだ。」
…〔略〕…二人は汚い雪汁の濘つた裏寺町を歩いて、誓願寺脇のとある、縄暖簾の掛つた居酒屋へ、鶴岡は田原を伴れて入つた。[17]

「江戸兒バー」が現在の柳小路にあったとすれば、二人は裏寺町通の南端から誓願寺の位置する北端まで歩いて「はしご酒」をしたことになる。通（つう）ばかりが集う縄暖簾の酒場には、店名すらなかったのかもしれない。鶴岡と田原は途上、当然「大善寺」のわきを通ったはずなのだが、二人の目に「ぼんや」が入ることはなかったようだ。

近松秋江の作品は、小説にかぎらず随想もふくめて大正期京都の景観や街々の場所性を知るうえで格好の素材となる。当時はまだ酒場も少なく、必然、資料となる記述もほとんどないなかで、秋江の叙景はじつに貴重だ。

次いで、織田作之助の小説『青春の逆説』を第2章につづいて参照してみよう。

…〔略〕…四条通へ抜けると、薄暗い小路へはいって行った。崩れ掛ったお寺の壁に凭れてほの暗い電灯の光に浮かぬ顔を照らして客待ちしている車夫がいたり、酔っぱらいが反吐を吐きながら電柱により掛っていたりする京極裏の小路を突き当って、「正宗ホール」へはいった。

そこも三高生の寮歌がガンガンと鳴り響いていた[18]。

第三高等学校に入学した主人公・豹一の足どりは、織田作自身の経験にもとづいているはずだ。四条通から入り込んだ「薄暗い小路」、それは「京極裏の小路」である——新京極通の裏通りにあたる裏寺町通と考えてよい。そして、ここでもまた寺の壁（実際には塀）と「暗」とが描かれる。物語の空間的プロットは、成瀬無極や長田幹彦、北條秀司、そして近松秋江のそれと大きく変わるわけではない。

けれども、前三者が北端（?）の「ぼんや」を取り上げたのに対して、秋江と織田作は南端の酒場を描いた。『青春の逆説』に登場する「正宗ホール」は、現在の柳小路に立地していた京都の草分け的な酒場で、三高生との関わりもひじょうにふかかったことについては第2章でもみた。だが、「正宗ホール」と聞いてすぐに想起されるのは、「京極裏」のそれでなく、国木田独歩の『号外』（一九〇六年）に描かれた東京銀座のほうかもしれない[19]。

明治後期の銀座には、二つの著名な「正宗ホール」が存在した。ひとつは尾張町新地（のちの銀座五丁目）の正宗ホール「末広」、もうひとつは銀座一丁目の正宗ホール「加六」である。ここでしばらく、東の京へと飛ぼう。

(2) 銀座の「居酒屋気分」

…〔略〕…明るくて華やかで、何の陰影も無いやうに見える裏銀座の所々に、一寸一杯の居酒屋気分が、濃厚に流れて居るのは、何と云ふ面白い対照でせう。あの賑かな表通りを、一歩、東し西した小路の中には、バーと云ひホールと云つても、所詮は縄暖簾の居酒屋気分を離れぬ酒屋が、十指に近いほど散在して居るのである。[20]

銀座に精通する新聞記者の松崎天民が著わした「居酒屋気分〔加六の思ひ出よ〕」からの一節である。彼は同じ正宗ホールの「末広」にもふれて、「近代銀座の特色は明るい華やかな表通りにのみ展開して居るので無くて、一歩を東し西した小路の中にも、特異の色彩を放つて居る」とも述べていた。[21] 花の銀座の表通りとは対照的に、裏通りとその小路には「バー」や「ホール」を名のる縄暖簾の居酒屋が散点立地し、「一寸一杯」の酒場気分を横溢させていたのである。

天民によると、「日本酒バー」とも称されるそれらの酒場では、菊正宗〔灘〕、白鷹〔灘〕、男自慢〔長州〕、櫻正宗〔灘〕、大関〔灘〕、富久娘〔灘〕、白鹿〔灘〕が出されていた。男自慢〔現・山口県周南市〕をのぞけば、いずれも灘の酒だ。そう、「正宗ホール」の名は、酒の銘柄に由来していたのである。「菊正宗の加六」、そして「櫻正宗の末廣」というわけだ。独歩が愛してやまなかったのは、「加六」である。[22]

「細い路次に、硝子障子の二間間口、灘は生一本の正宗」、店頭には「加六」と書かれた丸行燈がさがる。[23] 店に入ると、大小ひとつずつの粗末なテーブルに腰掛が十個。店内をみわたしても「ぼんぼん時計」（大きな振り子時計）があるくらいで、「目を喜ばせる装飾」などなにひとつない。「お酌に侍べる美人」もいなかった。

いかにも地味なつくりであるのだが、昼下がりになると客たちが次から次へとやって来ては思い思いの席に座り、さかんに徳利をあけていく。

肴と云つては枝豆に畳鰯、時に大根卸も出来れば塩辛なども有れど、多くは飲むを主として食ふを欲りせず、燗の塩梅の熱からず冷たからず、片肱を斯う卓について、チビ〳〵と飲みながら、他愛もない愚談を遣て居る[24]〔。〕

これが明治末東京の酒場風景であった。しかも「加六」の入り口には、年から年中、「酒売れ切れ申候」という札が掲げられていたという。店のあるじ夫婦は職業身分を問わず、ひとめ見て気に食わなければ、「お生憎様」をくらわして客としない頑固一徹の二人なのであった。

正宗ホール「末廣」を取材した東京朝日新聞の記者は、「献立表を見ると『あたり芋、章魚三杯、かき豆腐、わかさぎ、ひたし物』と情無い事が書いてある」と記事にしているが、[25] いやいやこれで十分に魅力的なメニゥではないか。「加六」と同様、客は「灘の生一本」だけをもとめて集うのである。「東京の真中京橋区の其の又真中の銀座通に、斯うした正宗ホールが在る事は、正に日本酒党の誇《プライド》なり(26)」。

松崎天民はいう――「芳烈な灘の生一本、美味い菊正を飲まうとするには、加六の客となるより他に仕方の無い東京であり、銀座なのであつた(27)」、と。「酒は趣味なり、嗜好にあらず」と言い切った国木田独歩が死を目前にした病床にあってなお思いを馳せたのは、やはり加六の酒であった。

酒は加六の酒にあらざれば飲まず。加六とは読売新聞社筋向ふ写真屋裏の正宗ホールなり。嘗て『号外』に書きたるところ。恐らく東京市中にて生一本の灘酒を得んと思はゞ加碌《ママ》の外無かる可し。…〔略〕…あゝ、早く癒つて、鯖鮨を肴に加六の酒を引ツ掛けたし(28)。

(3) 「灘の生一本」と作家たち

東京の文人たちは、菊正宗をことさらに好んだ。猫〔吾輩〕の主人である胃弱の苦沙弥先生は、ある晩、「神田の某亭」で「正宗を二三杯飲んだ」ところ、翌朝、胃の調子がすこぶるよかったことから、晩酌を習慣づけようと考える(29)。「正宗」とつく銘柄の酒はあまたあれど、これも灘の生一本「菊正宗」だったのかもしれない。

在京作家のうち、たとえば大阪出身の直木三十五も「灘の生一本」（おそらく菊正宗と白鷹）を好んだようであるし、[30] 灘中（現・灘高）出身の遠藤周作もまた菊正宗を愛飲していた。[31]

作家の小島政二郎は言う。

さて、菊正宗だが、酒飲みは異口同音に菊正がいいと言う。私の知っているだけでも、水上瀧太郎、室生犀星などは菊正党で、戦争前まで、銀座の鉢巻岡田、日本橋の灘屋の二軒は、純粋の菊正を飲ませるというので、菊正党に愛されていた。[32]

「純粋の菊正」とは、まさに「灘の生一本」である。その小島が水上瀧太郎を自宅へ招いた際、鉢巻岡田からこっそりと菊正宗を一升わけてもらい、だまってそれをだした。すると水上は「一ト口口へ含んだ」だけで「これは私がしょっちゅう飲みに行く岡田の酒とソックリだ」と言ったのだという。[33]

作家の立野信之も、銀座裏にあった菊正宗を飲ませる店の思い出を語っていた。「岡崎」というその飲み屋は「芳町の芸者あがり」の女性がひとりで経営する店で、樽詰めの菊正宗をおいていたのである――「お燗のやかましい婆さんで、お客がさいそくすると、腹を立てて、どなり返すような人だった」。[34]

一樽をあけて新しい樽をすえると、その女性はきまって立野にこう告げた。

「あさって、樽の口開けをしますからね、来て下さいましよ」
それほどうわずみの酒は、うまいものだ。

このエッセーが書かれたのは、昭和三十一（一九五六）年である。戦後の酒場には一升瓶が流通し、樽酒の風味をあじわうことができなくなったことを立野は嘆く——遠藤周作も一仕事終えて呑むときは、「もちろん樽の香がしみこんだ『菊正宗』がいいのだが、近頃はたいていの店は瓶づめである」と残念がっていた[35]。「灘の生一本」の樽酒は、「それぞれの風格と味を持っていた」がゆえに、「その酒が何であるかは、口にふくめば、ほぼ判定ができた」のだ[36]。

3　《裏寺町》の正宗ホール

(1) 京都の江戸

西の京にもどろう。東京の酒場風景をふまえて、いまいちど市民風景社編「京極と其附近案内」（一九三四年）をみなおしてみたい。地図の下に付録された「著名商店案内」の欄には「正宗ホール（第二京極）」が挙げられている。地図そのものに目を転じると、「第二京極」は現在の柳小路北側にある東西の街路一帯を指し、その柳小路には二つの「正宗ホール」がある（図5-2）。

昭和初年の観光ガイドブック『大京都』（一九二八年）をみると、たしかに「精肉スキ焼料理」の「正宗ホール」、そして「うまい小鉢料理（一寸一パイ）」の「正宗ホール」の二軒が掲載されていた。[37] おそらく西側が「すき焼き」で、東側が「一寸一杯」の店であったのだろう。

> 正宗ホール（京極金蓮寺横町）　親方一人で東西二軒を経営。一寸西側を覗いて空席の見付からない時、東側に入る。之が茲の常客の習慣と見える。脂と塵で光沢正に燦然たる正帽の破れ目から、三吋ばかりの髪が無造作にはみ出し、服は制服でもほう歯の利休、腰に一本のタオル姿は、早稲田のカタログに有りさうだ。いつもこんなのが入り乱れて、彼等特有の気焔を吹いてゐる。タマには上品なサラリマンやお忍びの実業家達も交つて居るが、その昔やはり正宗ホールで、酒修業をやつた角帽が生長したものらしい。[38]

この記述だけをみると、西側の店舗も「一寸一杯」形式になっていたようだ。昭和十三年の電話帳によると、正宗ホールの契約者は「宮川」という女性であった。[39] この人物が「親方」（＝経営者）だったのだろうか。

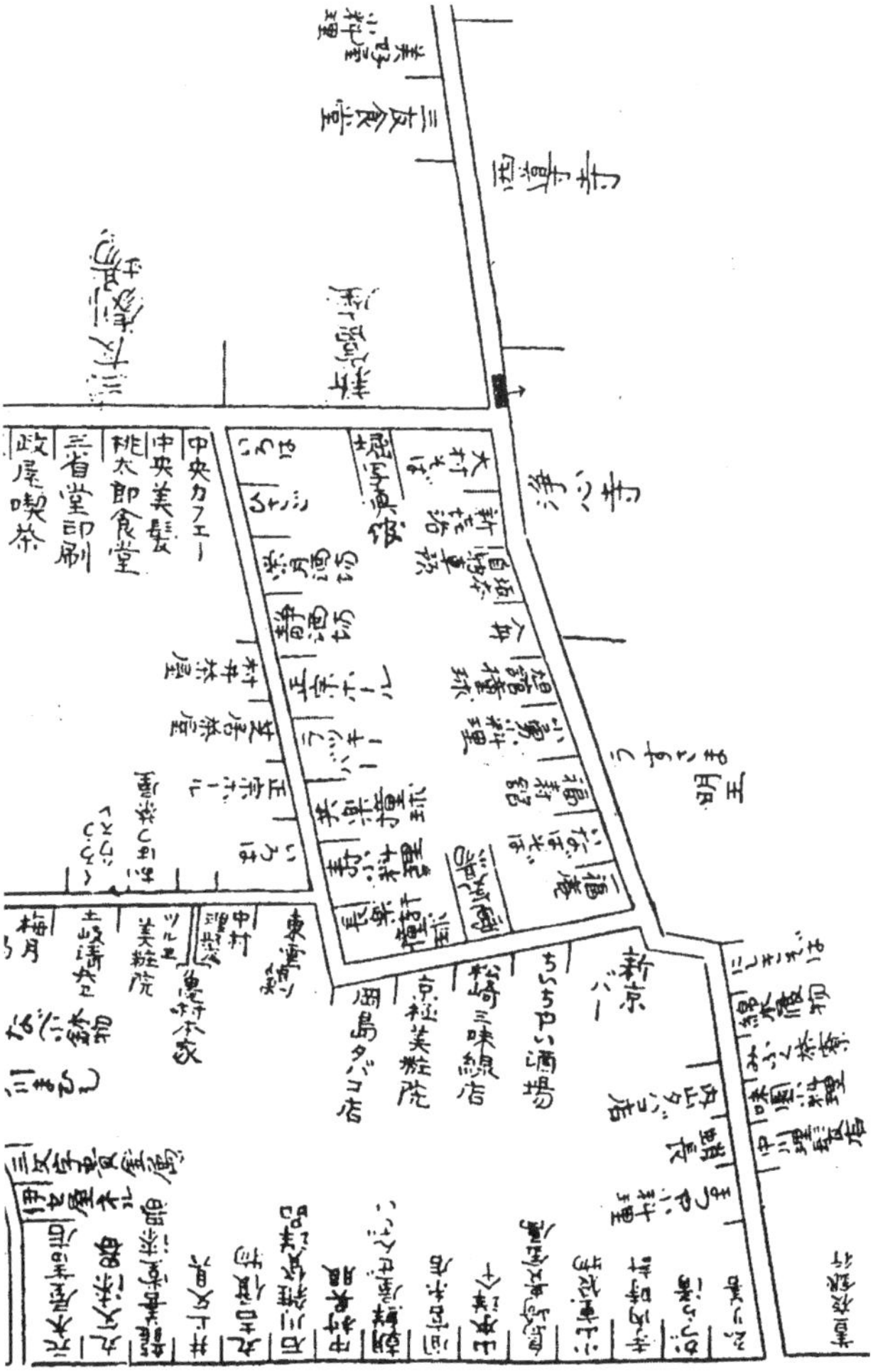

図5-2　昭和9年の柳小路

…〔略〕…石畳の細道を第二京極から抜けて入つて来ると…〔略〕…一間程の通りを隔て、建てつまつた両側の古ぼけた、さゝやかな飲み屋の中でも正宗は向側にも店をもつて、土間も清潔に広いのだが、採光が不十分なのか昼間は小暗く、客もまばらでどことなくもの静かである。(40)

これは第2章でもみた「のみある記」に登場した紫野童子の描写である——石畳は当時から敷かれていたこともわかる。彼は学生が騒ぐ夜よりも、静寂な昼間の店内を好み、その彼をこの店へと導いた先輩と二人して、きまったように「アタリメ」をしがみ、「ハマ鍋」をつついていた。

…〔略〕…ツブの小さい蛤が白葱の床に剥身を横たへて味噌を冠つた鍋が、江戸前の姐さんの「お待ち遠さま」の声に送られて見参すると一しほ飲み気をそそるのである。

同じく「のみある記」した宮下呑天楼も「第二京極柳本小路の正宗ホールで雪の降る夜、蛤なべで一献、そして名物茶めしにしゞみ汁の熱いのを、ふ……ふふき乍ら吸つたあの味はわすれられない学生時代の思出だ」と述べており、(41)ハマグリの小鍋料理が名物になっていたらしい。「五養軒」をレポートした山川美久味もまた、意外な人物の名を挙げながら正宗ホールを紹介する。

> 縄暖簾が持つ雰囲気、一枚板に樽の腰掛、淡白な下物の味、所詮酒場気分は江戸のものかもしれない。…〔略〕…二十数年来親の代からの酒場で、江戸ツ児気分のしみ込んでゐる正宗ホールこそ僕の好んで飲みに行くホールである。…〔略〕…正宗ホールへの集団は酒、気分、肴の三幅対を愛する生粋の愛飲家達である。エロもなく世辞もなく、たゞよい酒を生かして飲ます感と味の酒場である。そこに放浪詩人松崎天民が「酒に酔えばきつと浪花節をうなりつゝ涙もよほす男なりしが」と書き遺してある樽かゞみを見る毎に今は亡き天民の俤を偲ぶ(42)。

山川によると、京都における〈縄暖簾＝酒場〉文化は江戸に由来する。そもそも縄暖簾をさげた酒場が登場したのは幕末の江戸であったといい、明治期の東京において「縄暖簾といえば居酒屋」というイメージが定着した(43)。第2章で確認したように、明治期の京都には居酒屋がほとんどなく、江戸に発祥する〈縄暖簾＝酒場〉文化が「正宗ホール」というモダンな名前をまとって、大正期京都の（しかも）裏町に登場したのである。

「一枚板のカウンター」に「樽の腰掛」というから、店内はそうひろくはあるまい。「エロもなく世辞もなく」、「生粋の愛飲家」たちが贔屓にする正宗ホール。しかも、あの松崎天民までもが足跡を残していたことを考えると、気分であるとか雰囲気以上に江戸-東京との関わりがふかく感じられる。

そして「江戸ッ児気分のしみ込んでゐる正宗ホール」という語り――わたしたちが本章でこの語句を目にするのは二度目となるはずだ。近松秋江の描く《裏寺町》の酒場は「江戸児バー」であった。

そして、ここにもうひとり、〔江戸ッ児〕正宗ホールを経験した人物がいる。

その頃東京から京都医科大学へきてゐる緒方といふ大学生があつた。東京に縁故のある同好を集めて、江戸ッ児会や短歌会などやるときにはいつも三太郎を誘ひにきた。その頃、京極のハイデルベルヒと学生仲間に呼ばれてゐた江戸ッ児屋といふ正宗ホールへも緒方に連れられてよく出かけた。(44)

これは竹久夢二の自伝的な小説『出帆』からの引用である――三太郎は夢二。文中に登場する「緒方」を「これは正しく私の事である」と告白したのは、夢二の友人として知られる岡田道一であった。

興味がもたれるのは、岡田が夢二の文章を「その頃〔、〕京都〔京極〕のハイデルベルヒと学生仲間に呼ばれてゐたお玉バーや〔原文になし〕江戸っ児バー〔江戸ッ児屋〕といふ正宗ホールへも緒方に連れられてよく出かけた」と改変していることだ[45]。読点を落とすミスはともかく、その他はあきらかに作為性のある加筆と言わざるを得ない。おそらく岡田は、当時、夢二を案内した者として、正しい情報に訂正したものと思われる。つまり、学生のあいだで「ハイデルベルヒ」と呼ばれていたのは「お玉バー」であり、正宗ホールは「江戸っ児バー」として知られていたのだ。

ここにおいてひとつはっきりするのは、「二人の独り者」が連れ立って入った「江戸兒バー」は、やはり正宗ホールであったということだ。山本修二の「三高生の酒場」から、いまいちど引用しよう。

正宗ホールの経営主は、さる画家を夫としたおしんちやんを頭として、お仲ちやんお高ちやんのチェホフではないが「三人姉妹」であつた。江戸から流れて来たといふ触れ出しで、なあに浜だよといふ噂もあつたが、何しろキビ〳〵とした江戸ッ子で、今までの縄ノレンと違ひ、素人だけに清潔な感じがあり、三高生がワンサ〳〵と押しかけたので、たちまち店が繁昌して、次第に酒場を拡張し、東京に支店が出るやうになつたのも、みなこれ三高のお蔭であつた[46]。

江戸（東京）からやって来た三姉妹、清潔感は店に対してでなく、この姉妹に対しての形容

図5-3　「江戸風流」を謳う正宗ホール

であろう。その狭い酒場につめかけたのが、三高生たちであった。江戸-東京の酒場文化を持ち込みつつ、逆に東京へ支店を出したという点もおもしろい。『洛味』に掲載された広告には、たしかに「東京店　銀座」とある（図5-3）。大正初年に開発された狭い路地で「江戸風流」を謳う正宗ホール。京都の酒場は、ここにはじまるのだ。

（2）英文学者たちの座談会

昭和三十四（一九五九）年十一月十六日午後、立命館大学において英米文学に関する講演会が開催された。中西信太郎（京都大学教授）「シェイクスピァとイタリア」ならびに矢野峰人（東京都立大学総長）「アメリカにおける文学研究の歴史」の二本立てで構成され、山本修二（立命館大学教授）が開会の辞を、そして石田幸太郎（立命館大学教授）が閉会の辞を述べ、司会には岡田幸一（大阪府立大学教授）があたっている。講演会の終了後には、立命館大学人文科学研究所の主催で矢野と中西を囲んでの「英米文学の諸問題」と題する座談会もおこなわれた。

この五人の英米文学者たちには共通点がある。それは、いずれも三高・京大を出て大学の教員になっていたということだ。矢野・山本・石田と中西・岡田とでは年齢差があるものの、彼らはそろって大正期京都の都市空間を経験していた。

座談会終了後、一同は「鴨涯」（《先斗町》か）へと移動し、こんどは『洛味』を出版する洛味社の主催で「青春物語」と題した座談会にのぞんでいる。『洛味』に掲載された写真をみると、座敷のテーブルには瓶ビールや猪口がいく本もならび、ずいぶんと酒もすすんでいたようだ。芸妓ないし舞妓も侍っている[47]。

お題が「青春物語」で酒もはいるとなると、おのずと話題はキャンパスの外へとひろがっていく。途中、古本屋の話でもりあがるのだが、ここで司会をつとめていた石田が話題を変える。興味ぶかいやり取りがつづくので、しばし耳を傾けてみよう。

石田　それより正宗ホール、あれ三高時分にもあったか？

山本　あったんじゃ。わしが草分だからよく知っとる。（笑）それはね、いまの小林という色男、それがね、大阪の男だが江戸弁がうまいのだ。正宗ホールというのは元来浜っ子だったというがね、《ママ》

石田　中ちゃん、高ちゃん。

山本　おう、よう覚えてるな。（笑）高ちゃんというのが一番下だったか、とにかく三人姉妹なんだ。初めは六人入ったら一っぱいになるのや。

石田　そんなんやったかなあ。

山本　素人御料理といっているが、実は三高の奴が東京へ帰省すると、くさやの干物だとかあたりめなんか買ってきて頂戴ね、というわけだ。それを客に出したのだよ。それを出したところが、なにしろきれいなのが三人いるし、素人の料理だしというので、だんだん大きくなっていったんだ。酒が一本七銭。

石田　あそこは桜だったね。

山本　桜が七銭で菊が十銭、なんでやしらんが……。

石田　あとになってからでも菊のほうが高いのや。

山本　そうか。くさやの干物が三銭。

石田　湯豆腐も三銭？

山本　いや、こら十銭くらいする、あれが向うで一番よかったのや。

石田　とにかく君に連れてもらったことをよく覚えてる。そのあとが大変だったがね。(48)

ほかの三人をそっちのけで、石田と山本の会話がはずんだ。石田も次女、三女の愛称をきちんと覚えているのだから、二人して通いつめていたにちがいない。なるほど、「くさや」や「あたりめ」を仕入れていたのは、客である三高生たち自身だったのだ。

「三高生の酒場」の記述とくらべると、櫻正宗の値段に差がある。けれども、石田がひと言「あそこは桜だったね」というように、三高生は菊正宗ではなく安い櫻正宗ばかりを飲んでいたにちがいない。また、酒の銘柄ごとに店がわかれていた東京の酒場とはことなり、《裏寺町》の正宗ホールは櫻正宗と菊正宗の両方を出していたことになる。

4　戦後《裏寺町》の風景

(1)　ホルモン・イメージ

京呉服「ゑり善」の脇を入る。道筋は暗いし、キャバレー兼ヒルサロが客を呼び込んだりしていて、うん、これなら酔っぱらい向きの雰囲気だ。

おでん、ホルモン焼きの赤ちょうちんが下がるあたり。裏寺町通と、その西側の柳小路を中心にゴチャゴチャと五、六十軒が固まっている。これがいわゆる裏寺の飲み屋街[49]。

序章でも引用した「京に赤ちょうちんあり　裏寺町　安あがりの青春」の叙景である。ここまでみてきたように、《裏寺町》はそもそもからして裏町的な空間だったわけであるが、戦後には「ぽんや」のそれとはちょっとちがう意味での「いかがわしさ」をかねそなえて、いっそうのこと裏町化していたようだ。

このルポから二十年以上もさかのぼることになるが、昭和二十九年の地図と照らし合わせてみよう（図5－4）。四条通から「ゑり善」と富士銀行とにはさまれた路地（通称「うすさま図子」）を北に入る。大龍寺の北に「うすさま明王」とみえるが、図子の名は記されていない。

戦後になっても「暗い」という語りがつきまとうのは、四条通や河原町通の明るさとあまりに対照的であったからであろうし、路地に足を踏み入れた瞬間、奥行きが大龍寺の壁にさまたげられるために袋小路と錯覚してしまう、そうした空間性に起因していたものと考えられる。「キャバレー兼ヒルサロ」は当時、「アルバイトサロン　令女プール」とある。また、昭和三十年代には、「長襦袢サロン」なる業態となっていた（図5－5）。「住宅地図」をみると、昭和四十一（一九六六）年版では「サロン歌麿呂《ママ》」、昭和四十八年版では「アルサロ歌麿」であった[50]。長襦袢のアルサロ、なんとも蠱惑的な、時代を感じさせる発想である。

アルサロの角を道なりに左へまがると裏寺町通にでる。目の前の「電気風呂」は、序章と本

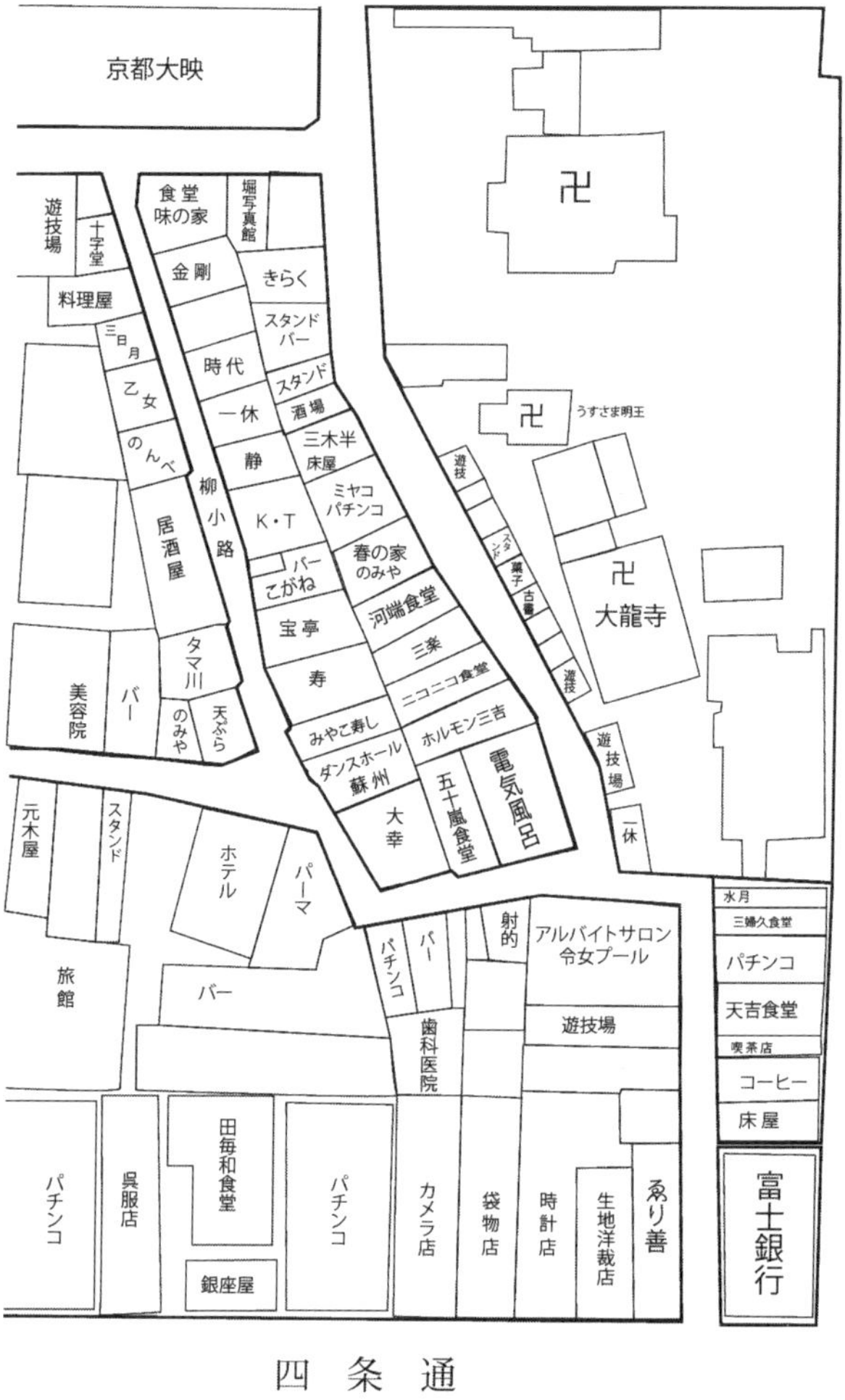

図5-4 昭和29年の柳小路付近

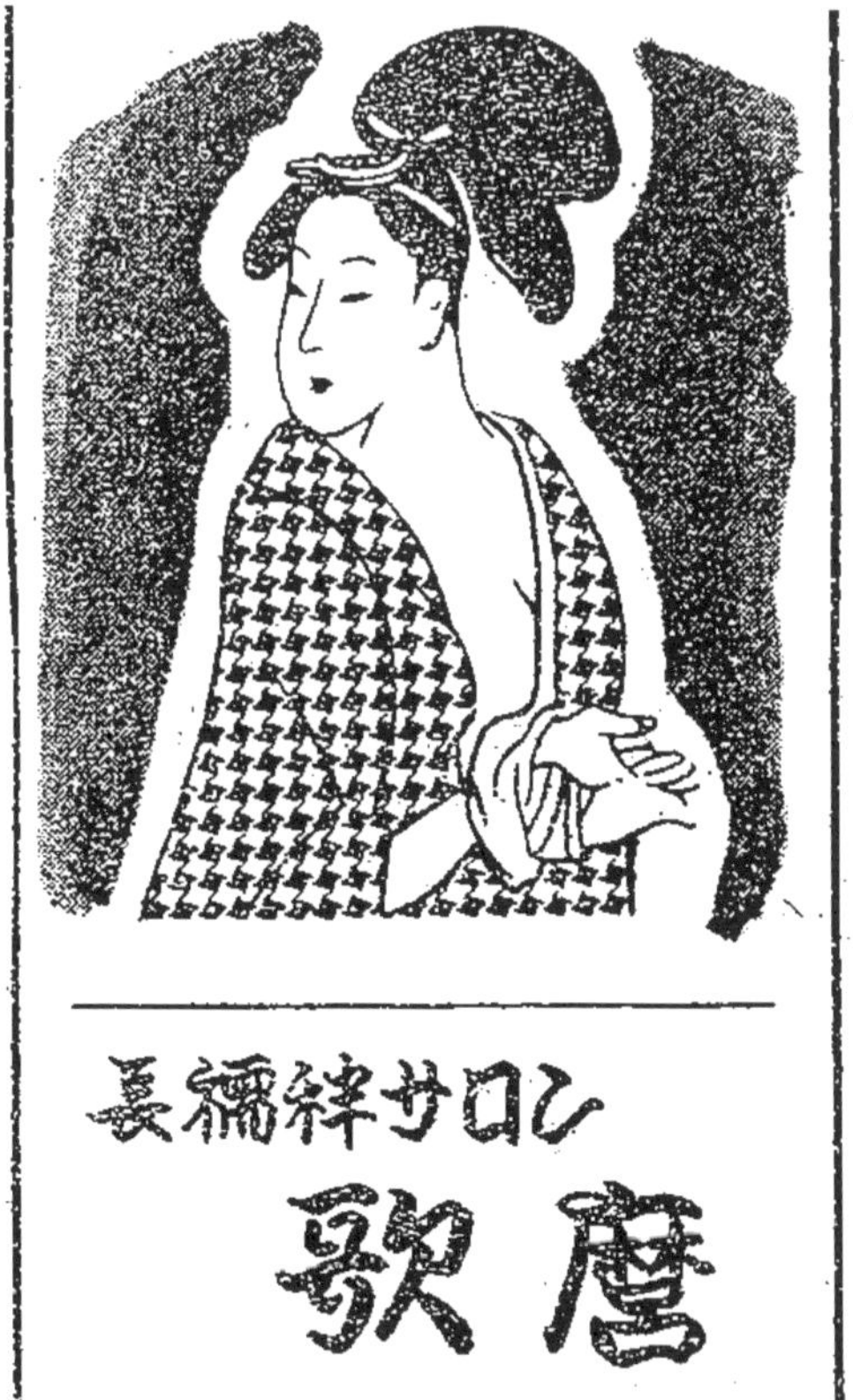

図5－5　「歌麿」の広告

章でみた「忍冬湯（しのぶゆ）」だ。「京都市明細図」（長谷川家版）にも「忍冬湯」と書き込まれている。周辺に視野をひろげると、地図に表象された景観は、まさに「飲み屋街」と呼ぶにふさわしい。居酒屋、酒場、スタンド、バーに、各種料理店や食堂がいりまじる。ついでながら柳小路の入り口付近にある「ダンスホール蘇州」は、永井良和の名著『ダンスホールと日本人』の冒頭に登場する「S」と思われる。[51]

ここでは、先ほど引用した文章にある「ホルモン焼き」にも注目しておこう。近年、若手研究者を中心とした闇市研究のリバイバルが起こり、そのなかで闇市から誕生した食文化にも焦点が当てられるようになった。坂口安吾の「道頓堀罷り通る」（昭和二十六年）しかり、開高健『日本三文オペラ』（昭和三十四年）もまたしかり、「ホルモン」は特定の場所との結びつきのなかで語られることがじつに多い。実際、京都で「ホルモン」言説が生産される場所も限定される。

戦後京都における「ホルモン」にまつわる語りの空間分布をみるに、西陣京極や《裏寺町》に集中していることがわかる。ことに「ホルモン焼きのたぐいは…〔略〕…ここが元祖だ」といわれほど[52]、ホルモンは《裏寺町》の場所イメージに浸透していた。「狭い飲み屋横丁を南へ入った所、通称柳小路に『安さん』というホルモン焼の店がある[53]」とか、あるいは「ちょっと北にあるのがホルモンの仲ぼて。ホルモン、やきとりのほかタンシチュー、オックステールもある」といったように[54]、きちんとしたグルメ本でもわざわざ紹介されるほどであった。

「安さん」も「仲ぼて」も図5-4では確認できないものの、「住宅地図」（昭和四十一年版）で確認すると、大龍寺の境内に列状にくいこんだ店舗群の北端に「ホルモン中《ママ》ぼて」がある。同じく図5-4の「電気風呂」の北隣に位置する店舗にも目をむけておこう。現在、焼き肉屋として営業しているのだが、昭和四十一年版の「住宅地図」には「ホルモン三吉」と記されている。現在の店の外のスタンド看板には「お酒・ビール」につづいて「ホルモン・煮込鍋・テール鍋・ぞうすい鍋」とある。まるで「仲ぼて」を思わせるメニゥは、なるほど「ホルモン焼き」のなごりなのだ。

（2）柳小路の「静」

柳小路の中ほどに酒場「静」がある。古っぽい木造二階建て。のれんをくぐって入ると、イスやテーブルが不愛想に置いてあって、奥に小座敷が二つ。店内の壁といいガラス窓といい、落書きだらけである。

客は学生さんばかりだ。[55]

そして現在。


柳小路の中ほどに「静」がある。古い木造二階建て。縄暖簾をくぐって入ると、右手にテーブルとイスがおいてあって、カウンター席もある。奥に通路をはさんで小上がりが二つ。二階にも座敷がある。店内の壁といいガラス障子といい、トイレのなかまで落書きだらけである。

客は元学生さんばかりのようだ。（筆者の観察による）

当時は客の「九〇％以上が学生やねえ」というだけあって、メニゥにはとにかくリーズナブルな一品ばかりがならんでいた。高いところでも「焼きカレイ三百六十円、次いで月見とろろ、野菜天など三百五十円、とり天三百三十円」で、するめなどのアテはいずれも二〇〇円であった。客単価が一〇〇〇円を超えることはまずなかったという。

現在は、高いほうから「あさりの酒むし」六七〇円、「いか天・たこ天」六六〇円、「月見とろろ」五三〇円、「野菜天」五八〇円、「とり天」五六〇円となっている。みりん干や丸干、もろきゅうなどは三六〇円といったところ（二〇一九年六月現在）。いまでも十分に安い。

学生九〇％のなかで「女の子がやたら」に多かったという点も興味ぶかい。ときに「女の子ばかりのグループ」もあったが、そこは《裏寺町》のこと、「帰りに例のキャバレーの前を通るのがコワイ」といって、わざわざ店の人が「ゑり善」の前まで送ってやったのだという。

図5-4には「静」の名もみてとることができる。この地図からさかのぼること二十年前の「京極と其附近案内」にも、「正宗ホール」とならんで「静酒場」とある。逆に図5-4では、西側もふくめて「正宗ホール」は存在しない。

京都の酒場好きのあいだではよく知られたエピソードであるけれども、「静」を経営していた女性が「戦争末期」に「正宗ホール」の建物を買い取り[56]、おそらくは戦後に「静」として営業を再開した。いつからそうなったのかはさだかでないものの、現在は二つの建物が一体化した店舗となっている。そのためであろうか、大正期京都における酒場のプロトタイプであった

「正宗ホール」の雰囲気を、少なからず感じ取ることができるのだ。

「正宗ホール／静」の連続性に関わって、山本修二が興味ぶかい指摘をしている。再びあの座談会から、石田とのやりとりを垣間見てみよう。

山本　ところが、その後日物語があるのだ。あれが「静」というところになってるんだ。ところがね、その広告を見ると「静かに来たれなつかしき……」。どうだい、これは。（笑）これは矢野君の「行春哀歌」から「静」というのが出たんじゃないかと思うんだ。

石田　そら、そうですよ。「に来れ」というのは、このごろの広告文にも、よくあるのだ。しかし「静に来れ」ってのは、全くうまくできてるじゃないか。（笑）まるで矢野君が宣伝のために書いたみたいだよ。「静に来れ」、いいねえ、意味もあるのだから。(57)

「行春哀歌」とは、矢野峰人が大正三（一九一四）年に作詞した三高の歌である。三高生・京大生のたまり場であった「正宗ホール」の後継というべき「静」が「行春哀歌」の一節を宣伝文にしていたことから、山本は歌詞にちなんだ酒場であると推察する。作詞者が主賓の酒席であるという条件を省いても、石田がこの説に同意するのは自然であったろう。

けれども、「静」は戦前から営業していたのであって、「行春哀歌」にちなんだというわけではないように思われる。それでもなお「正宗ホール」の経験者たちは、文学的・空間的想像力を自由にはばたかせて（安い櫻正宗を飲ませた）「正宗ホール」の延長線上に「静」を定位する。

本章冒頭の中川真の場所イメージ論に立ち返るならば、少なくともわたしは山本と石田の構築した言説空間に捕らわれの身となって、「静」のカウンターで独酌するたびに「正宗ホール」を幻視している。

(3) 柳小路の「柳」

「正宗ホール／静」の連続性に関わって、もうひとつ面白いエピソードがあるので、最後にそれを紹介して本章を閉じることとしたい。

現在、柳小路を訪れてみると、柳が植栽されて石の道標もある。石畳の敷かれた狭い路地は、近松秋江や竹久夢二が歩いたころとそう変わりはあるまい。問題は、この「柳小路」という名称である。というのも、『大京都』には正宗ホールの所在地として「柳本小路」とあるのだ。新京極の開発史をまとめた田中辨之助『京極沿革史』（一九三二年）においても、「昭和七年四月現在　京極商店名控」として「柳本小路」の項目がおかれているし、[58]「正宗ホール」の広告にも明記されている（図5－6）。柳小路ではなく、なぜ「柳本小路」なのか。

そもそもこの路地がいつ開かれたのかもさだかではないのだが、少なくとも大正元（一九一二）年発行の『京都地籍図』には道路の形状はなく、[59]また第二京極の開発が明治四十四（一九

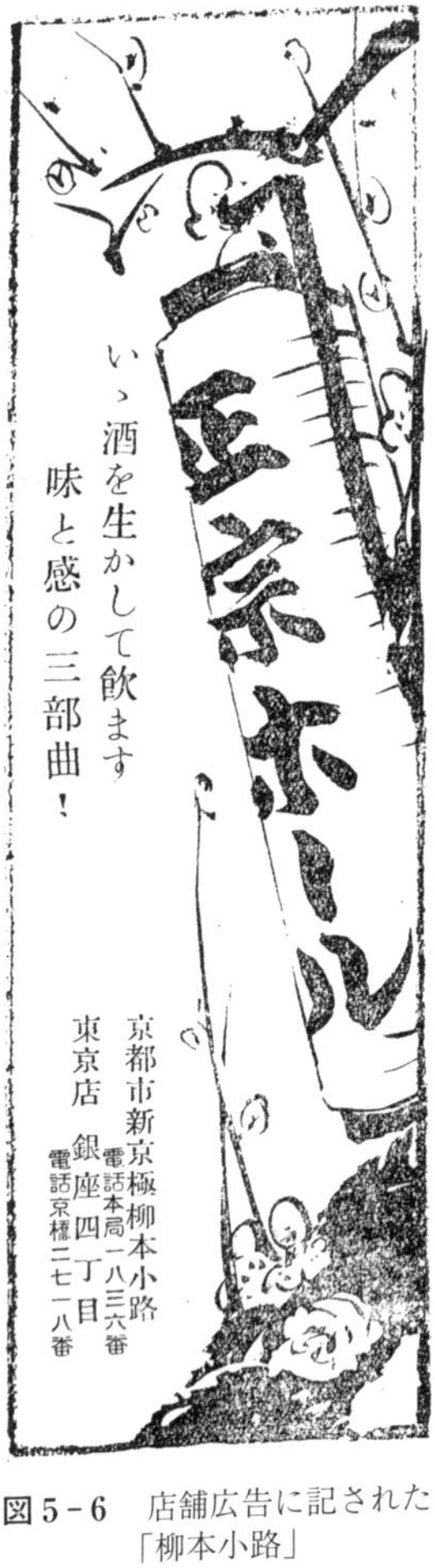
正宗ホール
いゝ酒を生かして飲ます
味と感の三部曲！
京都市新京極柳本小路
電話本局一八三六番
東京店　銀座四丁目
電話京橋二七一八番

図5-6　店舗広告に記された「柳本小路」

一二）年十二月であることから、[60]「柳本小路」の成立は大正元年以降、遅くとも正宗ホールの開店する大正四年までと考えてよい。地籍図にあらわれた土地区画をみるに、現在の柳小路が通る地所は「新京極四条上ル　中之町五七七」というひとつ地番であった。つまり、ひとりの地主が所有していた可能性が高い。

そこで地主の欄をみると、この土地を所有する人物は市街地のほぼ中心部に居住する「柳本」（名字）であることがわかる。柳本氏の所有する土地を開発して誕生した路地、それが「柳本小路」だったのだ。昭和二十九（一九五四）年の地図（図5-4）ではすでに「柳小路」となっているので、「柳本小路」の「本」がいつのまにか抜け落ちたのだろう。つまり、小路の名称は柳に由来するわけではなかったことになる。

だが、「柳本小路」には柳が植えられていた。にわかに植栽された最近の木ではなく、真正なる（?）大木がかつて生えていたのだ。出典は不明なのだけれども、客が持ち込んだという、古い写真の掲載された記事のコピーが「静」に保存されている。経営者の方に見せていただくと、たしかに太い柳の木が店先から小路にのびていた。奥の小上がり（西側）の窓をあけると、柳小路とのあいだに小さなスペースがあり、残念ながらこの目で確認することはできなかったけれども、そこに切り株だけが残されているという。昭和五十三年発行の『アサヒグラフ』に、「小路の名にちなむ柳は十年ほど前に枯れ」たとあるから、[61]昭和四十年代前半に切られたのだろう。

では、なにゆえ静の敷地内に柳が生えていたのだろうか。当然、植えた人物がいたからだ。偶然にもわたしは、その人物を知るところとなった。ヒントは竹久夢二の大正六（一九一七）年の日記にある。

四月二十日

朝はやくより、江戸ッ子会の花見にゆく。十時に北野にあつまる、正宗ホールの女は二人とも東京ものにて腰のまわりすかつとして可愛ゆし。

お室の花の下に眼のかわゆきまるまげの女、歌をよむ。…〔略〕…

さが〔嵯峨〕へゆきしとき岡田はよひつぶれてたゝず、舟にのりて上る。[62]

この日、夢二は御室の桜として有名な仁和寺で、正宗ホールの関係者とともに花見をしていた。酔いつぶれた岡田とは、すでにみた岡田道一のことだ。その岡田がのちに、「御室の桜の思ひ出」と題して詠んだ歌を『洛味』に掲載している。[63]

その昔江戸つ子バーの花見にて桜の下に寝しこと忘れず（大正六年四月）

あえて「大正六年四月」と注記していることから、この花見は夢二とともに参加した正宗ホールの催しとみて間違いあるまい。「桜の下に寝しこと」、すなわち酔いつぶれたことを懐かしんでいるのだ。

注目すべきは、これに続く次のような一連の短歌である。

江戸つ子バー花見記念にわが植ゑし柳の苗の今は栄ゆる

そのあとは「やなぎ」となれりわが植ゑし柳大木となりし名づけか

しわあれどわれの御室の花見なる記念の柳と誰思はんや

岡田は位置まで詠んでいるわけではないけれども、正宗ホール前のわずかなスペースに柳の幼木を植えたのだろう。それが、大木へと成長したのだ。実際、切り株のあるスペースは、「静」の店内でも南側、つまり往時の正宗ホール側に位置しているのである。柳が成長しランドマークとなったことで、「柳本小路」の本が落ちて「柳小路」が人口に膾炙し、通称として定着したのだろう。

大正京都の酒場の残照は、思わぬところに隠れている。《裏寺町》の奥ゆきはじつにふかい。

注

（1）中川真『[増補]平安京 音の宇宙』平凡社ライブラリー、二〇〇四年、三〇一頁。
（2）成瀬無極『東山の麓より』大鎧閣、一九一八年、二〇三―二〇四頁。なお成瀬は、第三章で登場した梶井基次郎や中谷孝雄とも交流があった。中谷孝雄『梶井基次郎』筑摩叢書、一九六九年、六一―六二頁。
（3）織田作之助「大阪の顔」（『定本 織田作之助全集 第八巻』文泉堂出版、一九七六年、二九一―二九三頁）、二九二頁。
（4）野間光辰編『新修 京都叢書 第二十巻 京都坊目誌四』臨川書店、一九七〇年、一五三頁。
（5）前掲、成瀬無極『東山の麓より』、二〇五頁。
（6）席貸とは、「いちげんさんお断り」の京都固有の特殊な旅館である。この点については、次の文献を参照。加藤政洋編『モダン京都〈遊楽〉の空間文化誌』ナカニシヤ出版、二〇一七年。

（7）長田幹彦「京都に於ける売笑制度」（『新小説』第三十一年第九号、一九二六年、一〇七—一〇九頁）、一〇八頁。

（8）長田幹彦『祇園』硯友社、一九四七年〔原著は一九一二—一九一七年〕、一八—一九頁。

（9）たしかに、「京都市都市計画基本図」（一九二二年）をみると、南北に連なる寺とともに「垸工《かんこう》牆《しょう》」（＝土塀）の地図記号が目をひく。「京都市都市計画基本図」は近代京都オーバーレイマップでみることができる。鉄道の単線のような地図記号である。

（10）北條秀司「十一月 丹波栗 比叡颪し 丑の刻詣り」（『古都好日』淡交新社、一九六四年、一八〇—一九七頁）、一八七—一八八頁。

（11）前掲、北條秀司「十一月 丹波栗 比叡颪し 丑の刻詣り」、一八八頁。

（12）加藤政洋『京の花街ものがたり』角川選書、二〇〇九年。

（13）野村雅延「裏寺町夜景曲——お寺の鐘を伴奏に闇と行燈の交響曲」（大阪毎日新聞社京都市局編『京都新百景』新時代社、一九三〇年、四一—四五頁）、四一—四四頁。

（14）市民風景社編「京極と其附近案内」第三号、市民風景社、一九三四年。京都府立京都学・歴彩館所蔵。田中泰彦編『思い出のプログラム 新京極篇』（京を語る会、一九八〇年）に付録されている。

（15）近松秋江『二人の独り者』改造社、一九二三年、二三五頁。

（16）前掲、近松秋江『二人の独り者』、二三六頁。

（17）前掲、近松秋江『二人の独り者』、二三八—二三九頁。

（18）織田作之助「青春の逆説」（『織田作之助全集 2』講談社、一九七〇年、七—一五九頁）、四四頁。

（19）国木田独歩「号外」（『牛肉と馬鈴薯・酒中日記』新潮文庫、一九七〇年、二六一—二七二頁）。

(20)　松崎天民『銀座』銀ぶらガイド社、一九二七年、一〇六頁。
(21)　前掲、松崎天民『銀座』、一一〇頁。
(22)　「独歩の弟の収二君なども、よく加六の客になつては、一人で八本も九本も平げて、天下国家を論じ」ていたという。前掲、松崎天民『銀座』、一〇八頁。
(23)　『東京朝日新聞』明治四十四（一九一一）年九月十四日。本項の以下の記述は、注記しないかぎりこの記事にもとづいている。
(24)　前掲、『東京朝日新聞』明治四十四年九月十四日。
(25)　『東京朝日新聞』明治四十一年十二月二十二日。
(26)　前掲、『東京朝日新聞』明治四十四年九月十四日。
(27)　前掲、松崎天民『銀座』、一〇八頁。
(28)　国木田独歩『病牀録』新潮社、一九〇八年、一四五頁。
(29)　夏目漱石「吾輩は猫である」（『夏目漱石全集1』ちくま文庫、一九八七年）、三八頁。
(30)　保高徳蔵「直木三十五と酒」（浦西和彦編『「酒」と作家たち』中公文庫、二〇一二年、四九-五五頁）、五三頁。
(31)　遠藤周作『狐狸庵食道楽』河出文庫、二〇〇六年、一六〇頁。
(32)　小島政二郎『食いしん坊』河出文庫、二〇一二年、一二九頁。
(33)　前掲、小島政二郎『食いしん坊』、一三〇頁。
(34)　立野信之「上ずみの酒」（浦西和彦編『私の酒「酒」と作家たちⅡ』中公文庫、二〇一六年、三〇-三三頁）、三二頁。

(35) 前掲、遠藤周作『狐狸庵食道楽』、一六〇頁。
(36) 前掲、立野信之「上ずみの酒」、三二頁。
(37) 西村善七郎編『大京都』大京都社、一九二八年、七八-七九頁。
(38) 木念人「酔筆の悪戯」(『洛味』第二巻第三号、一九三六年、四八-五五頁)、五二頁。
(39) 京都中央電話局編『京都市電話番号簿』京都中央電話局、一九三八年、二八一頁。
(40) 紫野童子「のみある記 第十一章 ――青春回顧録――」(『洛味』第五巻第二号、一九三九年、六〇-六四頁)、六一-六二頁。
(41) 宮下呑天楼「のみある記 第四章――附 独酌独語――」(『洛味』第三巻第六号、一九三七年、八〇-八三頁)、八〇-八一頁。
(42) 山川美久味「味と気分を訪ねて」(『洛味』第一号、一九三五年、四一-四七頁)、四七頁。
(43) 飯野亮一『居酒屋の誕生 江戸の呑みだおれ文化』ちくま学芸文庫、二〇一四年、一一七-一二三頁。
(44) 夢二の會『夢二作 出帆 上巻』アオイ書房、一九四〇年。引用は「9 誕生日3」。
(45) 岡田道一「高台寺と夢二の家」(『洛味』第八十八集、一九五九年、四八-四九頁)。
(46) 山本修二「三高生の酒場」(大浦八郎編『三高八十年回顧』関書院、一九五〇年、二三九-二四三頁)、二四二頁。
(47) 「青春物語」(『洛味』第九十二集、一九六〇年、四四-六三頁)、写真は四七頁に掲載。
(48) 前掲、「青春物語」、五五-五六頁。
(49) 「京に赤ちょうちんあり 裏寺町 安あがりの青春」(『週刊朝日』一九七七年三月号、五六-五八頁)、五六頁。

(50) 『京都市全商工住宅案内図帳 中京区』住宅協会出版部、一九六六年、四六頁。『京都市新家屋精密地図 全商工住宅案内図帳 中京区』吉田地図、一九七三年、五〇頁。

(51) 永井良和『ダンスホールと日本人』晶文社、一九九一年、一一頁。

(52) 大岡良之「京の呑ませどころ」(創元社編集部編『京都味覚地図 1975年版』創元社、一九七五年、一六六-一七三頁)、一七一頁。

(53) 臼井喜之介『京都味覚散歩』白川書院、一九六三年、一二二-一二三頁。

(54) 前掲、大岡良之「京の呑ませどころ」、一七一頁。

(55) 前掲、「京に赤ちょうちんあり」、五六頁。

(56) 前掲、「京に赤ちょうちんあり」、五七頁。

(57) 前掲、「青春物語」、五五-五六頁。

(58) 田中辨之助『京極沿革史』京報社、一九三二年、一二〇頁。

(59) 稲津近太郎編『京都地籍図』京都地籍図編纂所、一九一二年。

(60) 前掲、田中辨之助『京極沿革史』、九九頁。

(61) 『アサヒグラフ』通巻二八九五号、一九七八年、一四頁。この記事では「後に八兵衛稲荷がまつられて」とあるものの、これは誤りである。

(62) 竹久夢二『夢二日記 2』筑摩書房、一九八七年、一三三頁。

(63) 岡田道一「御室の桜の思ひ出」(『洛味』第一三九集、一九六四年、六三頁)。

終章　〈会館〉という迷宮

1　集合建築としての〈会館〉

まず、一枚の写真をご覧いただきたい（図終－1）。阪急京都線西院駅の近傍に立地する、立ち呑みを中心とした飲食店の集合建築である。角地の土地区画にあって、角を切ったファサードの正面に掲げられた大きな看板が、ひときわ目を引いている――その名も「折鶴会館」。内部は二本の通路を挟んで店舗が並び、最奥には共同のトイレがある。その雰囲気は、まるで闇市を起源とする飲み屋街のようだ(1)。

近年、酒場を特集する関西のローカル誌では、「折鶴会館」をはじめ、「新宿会館」や「四富会館」といった、「～会館」と名のつく同種の集合建築が取り上げられることもふえ、それらの店舗で若い女性が独り呑む姿も珍しい光景ではなくなった。

序章でみた「しのぶ会館」をはじめ、〈会館〉と称する飲み屋の集合建築は、京都の中心市街地だけでも六十件を超えている（二〇一九年四月末現在）。けれども、メディアに登場するごく一部の〈会館〉を除くと、観光客はもちろん、地元の人すら目にすることは少ないのではなかろうか。第4章でもふれたように、その多くは裏町に立地していた。〈会館〉建築とその呼称は、京都に固有というわけではないものの（彦根・大津・大阪・神戸などにも分布している）、かといって一般になじみがあるわけでもない。

図終－1　折鶴会館の外観（2015年７月23日筆者撮影）

〈会館〉のように特定の機能の集積する建築空間を考えてみると、スナックやクラブの入居する雑居ビルなどのほかに、オフィスビルや集合住宅が想起される。このとき、京都の〈会館〉に関して注目すべきは、例外は少なからずあるにせよ、本来は商家や住宅として使われてきた低層の木造家屋――いわゆる「町家」――が転用されている、という事実にほかならない。

一階部分に通路を通し、二階へは階段を備え付けることで、商家やしもた屋であったひとつの建物の内部に、複数の店舗を収容することが可能となる。その結果、ひとつ屋根の下に飲食店が集まり、路地裏や横丁

図終－2　会館の外観と構造

にも似た独特の建築空間、あるいは「飲み屋アパート」とでも呼びたくなるような建築形態が生み出されるのだ（本書一四四～一四九頁も参照）。

京都市中京区にある、ひとつの〈会館〉を参考にしてみよう（図終－2）。ファサードの二階部分に設置された看板の数から、一階に一〇店舗、二階に四店舗入居できることがわかる。建物の両端に破線で示した部分は、上階への階段である。その内側の破線部分は、中通路の位置を示している。この〈会館〉もまた、町家を転用した物件で、階段と通路とによって内部空間の分割利用が可能となったわけだ。

このように〈会館〉とは、中通路や二階への階段を設置することで、旧来の町家を効率よく転用した建築と位置づけられよう。

じつのところ、本章の冒頭で取り上げた「折鶴会館」は、〈会館〉としては京都で唯一の平屋建てであり、また著名な「四富会館」も、町家と土蔵を複合的に転用した他に類のない規模の〈会館〉であることから、いずれも例外的な存在だといえる。逆に、そのような形態と規模であるからこそ、メディアの注目度も高いにちがいない。

2　〈会館〉の出現とひろがり

では、飲食店の集合建築としての〈会館〉は、いつ、どこで成立したのだろうか。京都で最初となる昭和三十一（一九五六）年発行の『住宅地図』を中心に、諸種の資料・地図類を検討して明らかとなるのは、昭和三十年を前後する一、二年のあいだに、《西木屋町》と通称される街区に発生した、ということである。第4章でも検討したように、《西木屋町》とは南北を四条通と三条通に、東西を高瀬川と河原町通とに囲まれた、いまも変わらぬ夜の街だ。

昭和三十年から昭和六十年にかけて、次から次へと〈会館〉が誕生し、一貫して累積傾向にあった。ところが、バブル経済を境に潮目が大きく変わり、成立数は激減、既存のストックも取り壊しが進んで、〈会館〉は減少へと転じる。

結果だけをみるならば、戦後京都に登場した〈会館〉は一五〇件近くにのぼるのだが、必ず

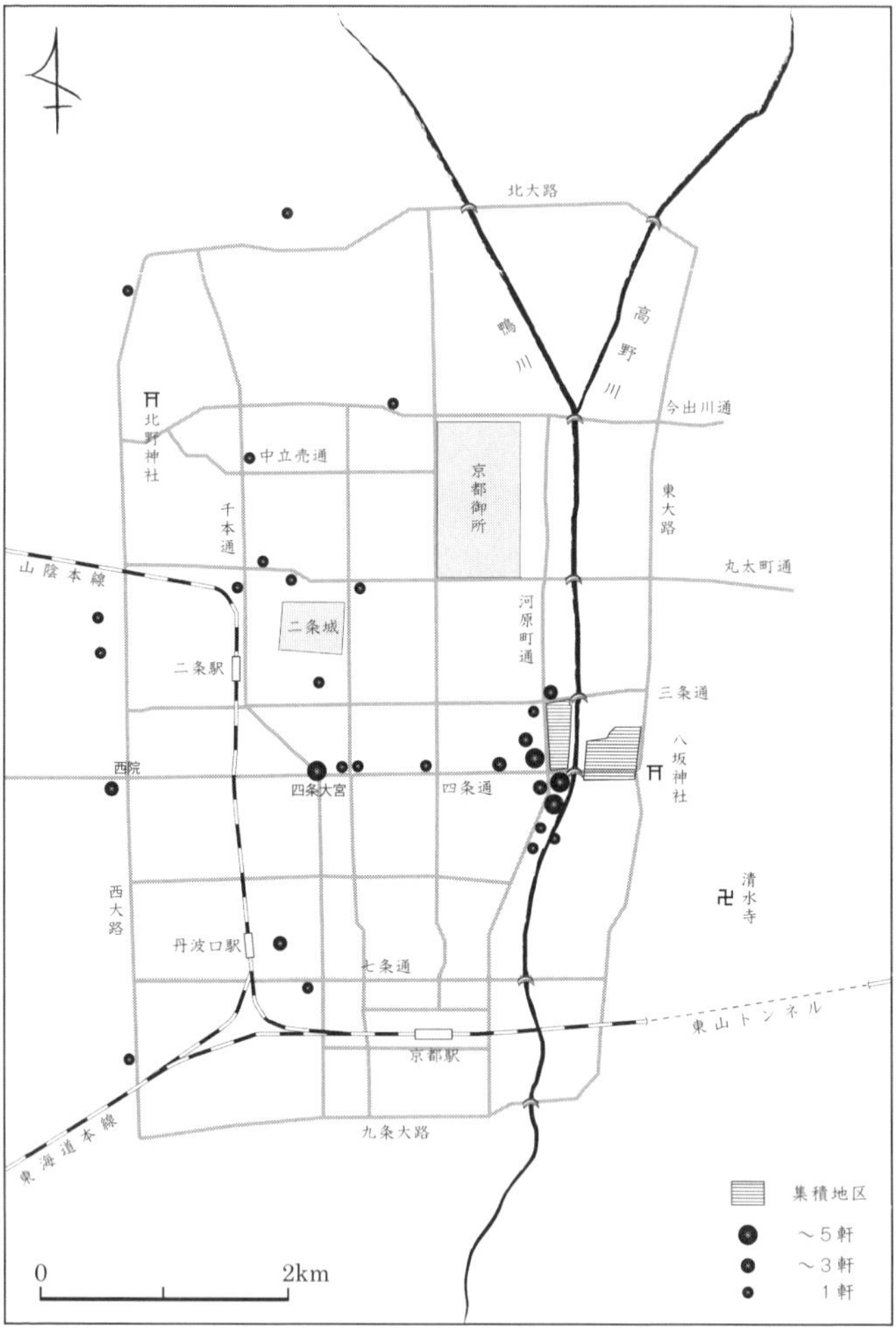
北大路
高野川
鴨川
今出川通
北野神社
中立売通
京都御所
千本通
東大路
丸太町通
山陰本線
河原町通
二条城
二条駅
三条通
八坂神社
西院
四条大宮
四条通
清水寺
西大路
丹波口駅
七条通
東山トンネル
京都駅
九条大路
東海道本線
集積地区
～5軒
～3軒
1軒
0
2km

図終-3　会館の分布

しもそれらが市街地にまんべんなく立地展開したわけではない。

会館の分布を示した図終－3によると、四条河原町の交差点を中心とした商業地区（とりわけ東部）と、歓楽街である《西木屋町》、そして花街の《先斗町》、八坂神社の近傍にあって同じく花街の《祇園東》界隈に顕著な集積がみられた。同じ市街地東部でも、これら繁華街の南側（具体的には五条通以南）と北側（具体的には御池通以北）には、まったく立地していない。〈会館〉は立地を選ぶのだ。

市街地の西部に目を向けると、西大路通を軸線として北は金閣寺付近、南は八条付近まで散見されるが、複数の〈会館〉が集まっているのは「折鶴会館」の位置する西院周辺だけであった(2)。市街地中心部では、複数の〈会館〉が立地したのは四条大宮付近だけである。西院も四条大宮も、阪急京都線の駅を中心にした交通の結節点である。

集合建築としての〈会館〉は、最初期には発祥の地である《西木屋町》とその周辺で集積が進んだ。その後、近接する花街の《先斗町》へと波及しつつ、最盛期の後半には《祇園東》周辺へと集積スポットを移し、あわせて繁華街の周辺や交通の結節点にも展開したのだった。

3　都市の無意識――〈会館〉の立地と空間性

ここまで概観したように、京都の〈会館〉は特徴的な立地パターンを有している。それは、二つの集積地区――《西木屋町》と《祇園東》――に示されるように、それぞれ周辺域を含む繁華街と花街であり、もうひとつは交通の結節点であった。同種のサーヴィス業や類似する複数の店舗（そのほとんどは飲み屋である）がひとつの建物に共在することから、集客のためには交通の利便性や歓楽街のような周辺環境が必要条件となり、おのずと立地を選ばざるを得ない。

興味がもたれるのは、累計で約一五〇件、現在でも約六〇件の〈会館〉があるにもかかわらず、それらはなかば隠れこもった存在であることだ。〈会館〉は来店者か目的をもった来街者にしか認識され得ないような外観と立地を呈している。ミクロ地理的にみるならば、表通りではなく、裏通りや路地奥に位置していることが多い。

象徴的なのは、〈会館〉発祥地の《西木屋町》そのものが〈裏町〉的な空間という点である（第4章参照）。交通繁華な表通りには、一般の商店が建ち並ぶ。〈会館〉へ行くためには、横道をはいったその先に、夜の繁華街の懐へと潜り込むように歩を進めなければならない。《祇園東》のような花街もまた、関連する営業が表通りでは禁じられていたため、街それ自体が裏町としてつくりあげられ、その引きこもるようなお茶屋の立地を〈会館〉が受け継いだ。

観光客をはじめとする来街者が目にするのは表通りであり、多少猥雑であったり、いかがわしかったり、あるいは妖しさを醸す〈裏〉の空間を体験することは少ないだろう。通りすがりの来街者にはふれることのできない空間性、あるいは固有の仕組み・制度を具備しているのが花街や裏町であるとするならば、それをわたしたちは隠喩的に都市の「奥ゆき」として見立てることができるかもしれない。

実際、〈会館〉もまた、隠喩以上の「奥ゆき」がある。というのも、本章の冒頭でわたしは、〈会館〉を「中通路や二階への階段を設置することで、旧来の町家を効率よく転用した建築」とだけ位置づけておいたのだが、そうした建築形態だけにとどまらない社会的な空間性をも有しているからだ。まるで路地のような中通路を挟んで、両側の区画に収まる狭小な店舗。すでに述べたとおり、奥には共同のトイレがあることも多い。そのさらに奥に、建物の所有者が暮らしているところもある。店舗の借主は、文字通り店子なのだ。

家主と店子、あるいは店子同士のあいだには、通路の開閉の時間、通路に看板を出さない、音を出さない、閉店時間を厳守するなど、明文化されない取り決め（あるいは暗黙裡の了解）があって遵守されている。それは、京都や大阪に固有の路地という現実空間のありようであり、また宇野浩二や織田作之助の路地文学に描かれた生活世界を模倣しているかのようでもある。(3)

路地と〈会館〉の社会・空間的な類縁性は、そもそもなぜ京都に〈会館〉が多いのか、という理由とも関わってくるかもしれない。戦災の規模が小さかった京都では、低層木造建築の町家が大規模にストックされた。戦後、強制的な建物疎開の跡地を除くと、既成市街地における大がかりな（再）開発事業は実施されないまま、近代的な都市の空間構造が現代に引き継がれている。

その結果というべきなのであろうか、復興期・高度経済成長期を通じた空間需要の高まりのなかで生まれたのが、既存の空間を分割して利用するという発想であった。通常、空間需要に対応するためには、土地利用の高度化（建物の立体化）を進めるか、外延的に拡大するほかはない。事実、他の大都市は一様にその方向性を取った。

そうしたなかで、「古都の呪縛」というわけではないにせよ、町家を壊すことなく細分化して空間需要に応じてきたことは、たんなる発想の転換というよりも、ある種の空間発明と呼ぶべきなのかもしれない。そこには、「どうなぶっても構わない」という町家所有者の意識や現実の路地空間のありようのみならず、たとえば借家・間貸しといった文化制度、あるいは脱花街化する遊興の志向性なども織り合わされて影響を及ぼしたはずだ。

〈会館〉という京都固有の建築に具現した空間的想像力は、バブル経済を契機として急速に萎んでゆく。バブル期の終末、作家の邦光史郎は、「現在京都は古い町家をこわしてペンシルビルやマンションを建てる、まるで嵐のような古都こわしの渦中にある」と述べ、「紅殻格子に飾られた京の町家と甍の波といった京都の景観は、今後数年足らずで、貧弱きわまりないコンクリート・ジャングルとなるだろう」と予言してみせた。(4)〈会館〉の増減が、邦光の観察した「京都こわし」の一面を捉えているとするならば、スクラップ&ビルドによらない空間用途の変更、あるいは空間の細分化という発想に示された別様の活用方途を、いまあらためて評価することもできるだろう。

さて、このように堅い文章で論じてしまうと、〈会館〉の面白さを伝えるどころか、読者の皆さんの興味を失せさせてしまうのではないかと、いささか不安になる。最後にひとつだけ、〈会館〉の不思議にふれることで、本書を閉じることにしたい。

〈会館〉を観察していると、一階のエントランスに位置する路面店には、焼鳥屋やラーメン店のように、比較的入りやすい飲食店が入居していることに気づかされる。そして狭く暗い通路の奥、あるいはこれまた暗い階段の上にあるのは、会員制のスナックなど、「いちげん」ではとうていなじむことなどできそうもない店ばかりなのだ。

すると、〈会館〉は都市の無意識を映し出しているようにもみえなくはない。表通りから抜けられるかどうかさえわからない路地へ入る躊躇いを、〈会館〉の入り口で感覚することもあるだろう。〈会館〉は歓楽街の縮図であるかのようだ。

裏町に立地する謎めいた集合建築〈会館〉――次から次へと取り壊しが進んでいる現在、この空間に都市の無意識を読み、都市の智恵を学ぶことも、あながち無駄ではないと思うのだが、いかがであろうか。

注

（1）　折鶴会館が建設されたのは昭和三十四（一九五九）年であるといい、西大路四条で営業していた屋台が入居したという（『朝日新聞』二〇一七年十月七日第二京都版）。なお、現在は看板が取り換えられている。

（2）ただし、折鶴会館もふくめて、いずれも町家を転用した建築ではない。

（3）水内俊雄・加藤政洋・大城直樹『モダン都市の系譜 地図から読み解く社会と空間』ナカニシヤ出版、二〇〇八年、一六七―一七三頁。加藤政洋『大阪 都市の記憶を掘り起こす』ちくま新書、二〇一九年、序章。

（4）邦光史郎「古都喪失」（『日本経済新聞』一九九〇年四月十二日夕刊）。

あとがき

酒場が大好きです。カウンターの片すみで独酌しているわたしを見かけたら、ぜひ声をかけてください。顔に似合わず、おしゃべりも好きですから。

最近は仕事帰りに下之森のラーメン屋さんで呑むことが多くなりましたが、京都の酒場への関心を深めさせてくれたのは、河岸をかえては「はしご」するわたしに飽く（呆れる？）ことなく付き合ってくれた友人たちのおかげです。「はしご酒」仲間に多謝。

本書ではふれることさえできませんでしたが、酔っ払っては質問攻めにするわたしに、いつもあたたかくいろいろなことを教えてくださったお店の方々にも、あつく御礼申し上げます。京都の漫遊をつうじて見聞し、空間経験を重ねた街と酒場については、いずれまた稿をあらためて紙上探訪してみたいと思っています。

京都の歴史空間に開かれた酒場という窓をつうじて、モダン京都の文化誌を実践すること、それが本書のタイトルにこめたわたしのねらいです。はたして成功したのかどうかは、もはや読者の皆さんの判断にゆだねるほかはありませんが、執筆の過程でなかば偶然に「柳小路」の由来を知るにいたったことなどは、わたし自身の小さな喜びとなりました。

本書をつうじて読者の皆さんに何かひとつでも驚きや発見があったのでしたら、うれしいかぎりです。

二〇一九年六月

加藤政洋

謝辞

本書は、京都大学人文科学研究所の共同研究「近代京都と文化」班（班長 高木博志）における報告と議論ならびにＪＳＰＳ科研費（16H01965）の助成を受けた研究成果の一部です。末筆ながら記して謝意を表します。また、筆者のウェブページから本書にいちはやく関心をもって編集を担当していただいた涌井格氏にも感謝します。

店舗名等索引

あ 行

か 行

さ 行

た 行

な 行

は 行

ま 行

や・ら 行

人名索引

《著者紹介》

加藤政洋（かとう・まさひろ）

1972年　長野県生まれ
1995年　富山大学人文学部人文学科卒業
2000年　大阪市立大学文学研究科後期博士課程修了，博士（文学）
現　在　立命館大学文学部教員
主　著　『大阪――都市の記憶を掘り起こす』ちくま新書，2019年。
『モダン京都〈遊楽〉の空間文化誌』（編著）ナカニシヤ出版，2017年。
『那覇　戦後の都市復興と歓楽街』フォレスト，2011年。
『神戸の花街・盛り場考』神戸新聞総合出版センター，2009年。
『大阪のスラムと盛り場――近代都市と場所の系譜学』創元社，2002年
ほか

酒場の京都学

2020年1月30日　初版第1刷発行　〈検印省略〉

定価はカバーに
表示しています

著　者　加　藤　政　洋
発行者　杉　田　啓　三
印刷者　中　村　勝　弘

発行所　株式会社　ミネルヴァ書房
607-8494 京都市山科区日ノ岡堤谷町1
電話代表 (075)581-5191
振替口座 01020-0-8076

中村印刷・新生製本

ISBN978-4-623-08802-7

Printed in Japan